슬기로운 안전생활

슬기로운 안전 생활

초판 1쇄 발행 2019년 2월 25일
초판 3쇄 발행 2022년 12월 19일

글 서지원
그림 김소희

펴낸곳 도서출판 개암나무(주)
펴낸이 김보경
경영관리 총괄 김수현　**경영관리** 배정은
편집 조원선 오누리　**디자인** 김효정　**마케팅** 박진호
출판등록 2006년 6월 16일 제22-2944호

주소 서울특별시 용산구 한남대로40길 19, 4층(한남동, JD빌딩) (우)04417
전화 (02)6254-0601, 6207-0603　**팩스** (02)6254-0602　**E-mail** gaeam@gaeamnamu.co.kr
개암나무 블로그 http://blog.naver.com/gaeamnamu　**개암나무 카페** http://cafe.naver.com/gaeam

ⓒ 서지원, 김소희, 2018
이 책의 저작권은 저자에게 있습니다. 저자와 출판사의 허락 없이 내용의 일부를
인용하거나 발췌하는 것을 금합니다.

ISBN 978-89-6830-505-4 73590

이 도서의 국립중앙도서관 출판시도서목록(CIP)은 서지정보유통지원시스템 홈페이지(http://seoji.nl.go.kr)와
국가자료공동목록시스템(http://www.nl.go.kr/kolisnet)에서 이용하실 수 있습니다.
(CIP제어번호: CIP2019002611)

```
KC | 품명 아동 도서 | 제조년월 2022년 12월 19일 | 사용연령 10세 이상
   | 제조자명 개암나무(주) | 제조국명 대한민국 | 전화번호 02-6254-0601
   | 주소 서울특별시 용산구 한남대로40길 19, 4층(한남동, JD빌딩)
```

학·교·안·전·교·육·7·대·표·준·안·을·담·은·안·전·책

슬기로운 안전 생활

서지원 글 김소희 그림

개암나무

등장인물

"우리 동네 안전은 내가 지킨다!"

안전왕

툭하면 말썽을 일으키는
사고뭉치 마구해와
조심성이 많아도 너무 많은
조심해를 돕고 안전 수칙을 알려 준다.

마구해

조심성이라고는 전혀 없는 사고뭉치.
명랑하고 쾌활한 성격으로
온 동네를 휘젓고 다니며
안전사고를 일으킨다.

조심해

마구해의 단짝 친구.
돌다리도 두들겨 보고 건널 정도로
조심성이 많지만
마구해 때문에 종종 사고를 겪는다.

차례

1장
재난에서 안전하려면?
1. 불났어요, 불! • 10
2. 집 안에 불이 났어요! • 14
3. 흔들흔들! 지진이 났어요! • 18
4. 태풍이 불어요! • 22
5. 홍수가 났어요! • 26

2장
약물과 사이버 중독에서 안전하려면?
1. 약을 함부로 먹지 않아요! • 32
2. 약을 안전하게 보관해요! • 36
3. 화학 제품을 조심해요! • 40
4. 카페인과 스마트폰 중독은 위험해요! • 44
5. 나도 SNS 중독일까요? • 48

3장
실종과 유괴, 폭력에서 안전하려면?
1. 길을 잃었어요! • 54
2. 낯선 사람을 따라가면 안 돼요! • 58
3. 사이버 폭력도 폭력이에요! • 62
4. 친구의 몸에 멍이 들었어요! • 66
5. 따돌림도 학교 폭력이에요! • 70
6. 내 몸을 지켜요! • 74

4장
교통사고에서 안전하려면?
1. 안전하게 길을 걸어요! • 80
2. 비 올 땐 어떻게 건널까요? • 84
3. 횡단보도는 어떻게 건널까요? • 88
4. 버스를 탈 땐 어떻게 해요? • 92
5. 지하철을 탈 때도 조심해요! • 96
6. 교통안전 표지판을 익혀요! • 100
7. 자전거를 안전하게 타요! • 104

5장
생활 속에서 안전하려면?
1. 교실에서도 조심해요! • 110
2. 계단에서도 조심해요! • 114
3. 놀이터 안전 수칙을 지켜요! • 118
4. 에스컬레이터도 잘 타요! • 122
5. 마트에서도 조심해요! • 126
6. 집에서도 조심해요! • 130
7. 먹을 때도 조심해요! • 134

6장
응급 상황에서 안전하려면?
1. 응급 처치는 이렇게 해요! • 140
2. 숨을 쉬지 않아요! • 144
3. 구급상자를 갖춰요! • 148
4. 비상구를 알아 두어요! • 152
5. 화상을 입었어요! • 156
6. 공사 현장을 지나갈 때 조심해요! • 160

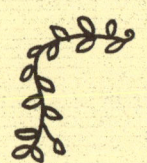

· 작가의 말 ·

안전 습관을 길러 크고 작은 사고에 슬기롭게 대처해요!

　우리나라에서는 끔찍한 참사가 해마다 반복되고 있습니다. 배가 침몰하고, 다리가 붕괴되고, 건물이 무너지고, 여기저기에서 화재가 발생하고, 가스가 폭발하고……

　왜 이토록 끔찍한 사고가 끊이지 않는 걸까요? 사람들이 사고를 너무 쉽게 잊기 때문입니다. 1993년, '서해 훼리호 참사'로 292명이 목숨을 잃었지만 그로부터 20여 년 뒤인 2014년, 또다시 '세월호 참사'라는 비극을 겪었습니다. 서해 훼리호 참사 이후 안전에 철저하게 대비했더라면 가슴 아픈 세월호 참사는 일어나지 않았을지도 몰라요.

　우리가 안전을 공부해야 하는 이유는 바로 이것입니다. 이전 사고에서 교훈을 얻어 제대로 대비함으로써 사고를 예방하고, 사고의 위험으로부터 우리의 소중한 생명을 지키는 것이지요.

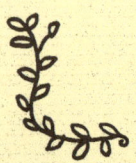

　사고는 예고를 하고 찾아오지 않기 때문에 늘 안전에 철저하게 대비해야 합니다. 뿐만 아니라 안전 수칙도 습관처럼 완전히 몸에 배도록 익혀야 해요. 학교에서 화재 훈련이나 교통 안전 훈련 등 사고에 대비한 여러 훈련을 할 때 '실제가 아니니까'라며 안이하게 받아들이지 말고, 실제 상황처럼 생각하고 적극적으로 참여해야 하는 이유도 그 때문입니다. 또 길을 건널 때 파란불이 켜지면 바로 건너지 않고 차가 멈춰 선 것을 확인한다든지, 집 안의 콘센트에 너무 많은 플러그를 꽂지 않는 등 일상에서의 안전 수칙도 생활화해야 합니다.

　교육부는 어린이들이 안전 습관을 기르고 위기 대응 능력을 갖추도록 생활 안전, 교통 안전, 폭력 예방 및 신변 보호, 약물 및 사이버 중독, 재난 안전, 직업 안전, 응급 처치 등 안전 분야의 7대 표준안을 마련하여 학교에서 배우도록 했습니다. 이 책은 여러분이 교육부의 학교 안전 교육 7대 표준안을 쉽게 이해하고, 실천할 수 있도록 구성했어요. 만화와 Q&A, 퀴즈 등 다양한 읽을거리로 안전 수칙과 안전 습관을 알차게 배울 수 있지요.

　안전은 우리의 생명이 걸린 아주 중대한 문제입니다. 그러므로 아무리 강조해도 지나치지 않아요. 이 책을 통해 안전 수칙을 제대로 익혀 몸과 마음이 모두 건강한 사람으로 자라나기를 바랍니다.

서지원

1장

재난에서 안전하려면?

1. 불났어요, 불! … 10

2. 집 안에 불이 났어요! … 14

3. 흔들흔들! 지진이 났어요! … 18

4. 태풍이 불어요! … 22

5. 홍수가 났어요! … 26

① 불났어요, 불!

불이 났을 때는 이렇게 대피해요!

- 큰 소리로 '불이야!' 하고 외치거나 화재 경보기를 눌러 주위에 화재 사실을 알려요.

- 담요나 수건을 물에 적셔서 얼굴과 몸을 감싼 뒤, 몸을 낮추고 밖으로 나가요. 꼿꼿하게 서서 걸어가면 연기가 입 안으로 들어갈 수 있어요.

- 엘리베이터를 타면 갇힐 수 있으니 계단을 이용해 밖으로 나가요.

- 아래층으로 갈 수 없으면 옥상으로 가요. 안전한 곳으로 대피했다면 119에 신고하고 구조대원을 기다려요. 이때 절대 혼자 뛰어내리면 안 돼요.

- 119에 신고할 때는 어디서 어떻게 화재가 났는지 침착하게 대답하고 주소를 정확히 알려 줘요.

# 안전왕에게 물어봐!

🤔 불이 났을 때, 옷장 안이나 침대 밑에 숨어도 되나요?
가구에 불이 옮겨붙으면 불길이 거세져서 걷잡을 수 없어. 그때는 꼼짝 없이 갇혀서 나갈 수 없으니 옷장이나, 침대 밑에 숨으면 안 돼.

🤔 불이 났을 때, 왜 몸을 낮춰야 하나요?
연기는 공기보다 가벼워서 위쪽으로 퍼져. 그래서 아래쪽 공기가 비교적 맑아 숨을 쉬기가 좀 더 편하단다. 연기가 꽉 차면 바닥에 몸을 바짝 붙인 채 팔꿈치를 이용해 엉금엉금 기어가. 이때 앞이 잘 보이지 않아 다칠 수 있으니 배가 바닥에 닿지 않도록 조심하렴.

🤔 연기가 많이 나면 어떡하죠?
수건이나 이불을 물에 적셔서 코와 입에 갖다 대. 천에 물을 적시면 천의 빈 공간이 채워져 연기를 마실 확률이 낮아지거든. 연기를 들이마시면 목숨을 잃을 수 있으니 최대한 마시지 않도록 해야 해.

🤔 옷에 불이 옮겨붙으면 어떡하죠?
두 손으로 얼굴을 가리고, 불이 꺼질 때까지 바닥에서 뒹굴어. 놀라서 여기저기 뛰어다니면 오히려 불이 더 빨리 번진단다.

퀴즈로 알아보는 안전 상식

불이 났을 때는 어떻게 해야 할까요? 다음 중 옳은 행동에 ○, 옳지 않은 행동에 × 표시를 하세요.

❶ 방 안에 연기가 들어오지 못하도록 문틈을 물에 적신 옷이나 이불로
 틀어막는다. ( )

❷ 불이 나면 무조건 아래쪽으로 내려간다. ( )

❸ 불이 나면 빨리 이동하는 게 중요하니 엘리베이터를 타고 밖으로 나간다. ( )

❹ 불이 나면 안전한 옷장 안이나 침대 밑에 숨는다. ( )

❺ 밖으로 대피했다면 건물과 떨어진 안전한 장소로 이동한다. ( )

정답은 164쪽에 있어요!

불이 났을 때 높은 곳에서 뛰어내려야 한다면?

소방관이 바닥에 '에어 매트'를 깔아 둘 거예요. '에어 매트'는 매트에 공기를 채워 높은 곳에서 떨어져도 다치지 않도록 돕는 탈출 기구예요. 그런데 에어 매트에서 뛰어내릴 때도 안전 수칙을 지켜야 해요. 무턱대고 뛰어내리면 다칠 수 있답니다. 먼저 고개를 숙이고 손으로 머리를 감싸 안아요. 그런 다음 엉덩이가 매트에 먼저 닿도록 몸을 L자 모양으로 만든 뒤 뛰어내려요. 또한 여러 사람이 한꺼번에 뛰어내리면 다칠 수 있으니 한 사람씩 차례대로 뛰어내려요.

무서워도 안전 수칙에 따라 침착하게 행동하면 안전하게 구조될 수 있어!

② 집 안에 불이 났어요!

집 안에 불이 났을 때는 이렇게 해요!

- 방 안에 있는데 방 밖에서 불이 났다면 문고리가 뜨거운지 살짝 만져 봐요.

- 문고리가 뜨겁지 않으면 문을 조심스레 열고 나가 대피해요.

- 문고리가 뜨거우면 불길이 문 앞까지 다다랐다는 뜻이니 다른 탈출 방법을 찾아요.

- 다른 출구가 없다면 구조대원에게 그 사실을 말하고 내가 있는 곳을 정확하게 알린 뒤 구조를 기다려요.

- 불길이 작고 멀리 있어 소화기로 불을 끌 수 있을 때는 소화기를 사용해요. 먼저 안전핀을 뽑고, 손잡이를 꾹 눌러 불이 난 곳을 향해 뿌려요.

- 소화기를 사용할 때는 반드시 바람을 등지고 서요. 그렇지 않으면 불이 옮겨붙을 수 있어요.

소화기 사용법

① 안전핀을 뽑아요.

② 바람을 등지고 서서 불길 쪽으로 호스를 조준해요.

③ 손잡이를 꾹 눌러요.

안전왕에게 물어봐!

불이 났을 때 소화기 대신 물을 뿌리면 안 되나요?
식용유나 휘발유 같은 기름 성분 때문에 불이 났을 때 물을 부으면 순간적으로 불길이 더 크게 일어날 수 있어. 그러므로 반드시 소화기로 불을 꺼야 한단다.

왜 복도나 문 앞에 물건을 쌓아 두면 안 되나요?
복도나 문 앞에 물건이 잔뜩 쌓여 있으면, 연기 때문에 앞이 잘 보이지 않는 상황에서 재빨리 대피할 수 없어. 그러니 출입문 쪽이나 복도가 깨끗한지 평소에 잘 살펴야 해.

집 안의 어떤 곳에서 불이 날 수 있나요?
가장 위험한 곳은 주방이야. 음식을 조리하는 가스레인지는 늘 조심해야 하지. 그 밖에도 불이 날 수 있는 곳이 많단다. 콘센트에 플러그를 여러 개 꽂아 두면 과열이 돼서 불이 날 수 있어. 또한 콘센트에 먼지가 쌓이면 먼지 쪽으로 전기가 흘러 불이 붙을 수 있지. 플러그를 끝까지 꽂지 않으면 접촉 불량으로 화재가 발생할 수도 있어. 다리미 같은 뜨거운 물건을 방치했을 때 불이 옮겨붙기도 한단다. 가스 난로도 불이 나기 쉬운 가전제품이니 조심해서 사용해야 해.

 # 퀴즈로 알아보는 안전 상식

화재를 일으킬 수 있는 물건에 동그라미 표시를 해 보세요.

정답은 164쪽에 있어요!

화재를 예방하는 습관

화재는 언제 어디에서나 일어날 수 있어요. 그러므로 '화재 점검표'를 만들어 화재를 일으킬 만한 사항들을 미리미리 점검해요.

 점검 내용은 필요에 따라 정하면 돼.

점검 내용	점검 결과	
	양호	불량
전열기 코드는 뽑았나요?		
다리미의 전원은 잘 껐나요?		
콘센트에 먼지는 없나요?		
소화기가 비치되어 있나요?		
가스레인지 밸브는 잠갔나요?		

〈화재 점검표 예시〉

③ 흔들흔들! 지진이 났어요!

지진이 났을 때는 이렇게 해요!

- 지진이 일어나면 땅이 1~2분 정도 크게 흔들리다가 잠시 멈춰요. 그때 재빨리 식탁이나 책상 밑 등 안전한 곳으로 피해요.

- 땅이 흔들리면 주변의 물건들이 떨어질 수 있으니 방석이나 책가방, 책 등으로 머리를 보호해요.

- 지진이 나면 건물이 없는 넓은 곳이 안전해요. 큰 흔들림이 멈추면 공터나 학교 운동장으로 피해요.

- 밖으로 나갈 때 엘리베이터를 이용하면 갇힐 수 있어요. 계단을 이용해 건물 밖으로 나와요.

- 지진이 멈춰도 땅이 다시 흔들릴지 모르니 긴장을 늦추지 말고, 경보에 귀 기울여요.

- 지진이 나면 물건들이 바닥에 떨어지거나 깨져서 발을 다칠 수 있으므로 두꺼운 양말을 신어요.

# 안전왕에게 물어봐!

지진이 나면 왜 바닥에 엎드려야 하나요?
지진이 나서 땅이 흔들릴 때 꼿꼿하게 서 있으면 균형을 잃고 넘어져 크게 다칠 수 있어. 또 높은 곳에서 떨어진 물건에 맞을 확률도 있지. 그러니 땅이 흔들리면 머리를 보호하고 바닥에 납작 엎드려야 해.

지진이 나면 왜 현관문을 열어 놓아야 하나요?
지진이 나면 문이 뒤틀려서 열리지 않을 수 있어. 그러면 꼼짝없이 집 안에 갇히겠지? 그렇기 때문에 지진이 멈췄을 때 안전한 곳으로 대피할 수 있도록 문을 열어 두는 것이 좋아.

지진이 났을 때 왜 좁은 길이나 담을 피해야 하나요?
담벼락이 무너져 깔리거나 쓰러지는 기둥에 맞아 다칠 수 있기 때문이야. 특히 좁은 길에서는 자판기가 넘어지거나 간판이 떨어지면 피하지 못하고 다칠 확률이 커. 그러므로 무너지거나 머리 위로 떨어질 게 별로 없는 큰길로 대피해야 한단다.

지진이 나면 머리를 보호하고 바닥에 납작 엎드려야 해.

# 퀴즈로 알아보는 안전 상식

지진이 났을 때는 어떻게 해야 할까요? 다음 중 옳은 행동에 ○, 옳지 않은 행동에 ✕ 표시를 하세요.

❶ 땅이 크게 흔들리다가 잠시 멈췄을 때 책상이나 식탁 밑으로 숨는다. ( )

❷ 언제든 탈출할 수 있도록 문을 열어 둔다. ( )

❸ 가스 밸브는 잠그고 콘센트는 되도록 다 뽑아 둔다. ( )

❹ 담벼락이 있는 좁은 골목으로 피한다. ( )

❺ 엘리베이터를 타고 대피한다. ( )

정답은 164쪽에 있어요!

지진의 강도는 어떻게 나타낼까요?

지진의 강도를 나타내는 단위는 '규모'예요. 단위명을 처음 제안한 미국의 지질학자 찰스 프란시스 리히터의 이름을 따서 '리히터 규모'라고도 하지요. 보통 0~2.9 규모는 지진의 진동을 자동으로 기록하는 기계인 지진계로만 탐지할 수 있어요. 대부분의 사람들은 진동을 느끼지 못하지요. 3~3.9 규모는 사람이 느낄 수 있지만 피해는 거의 없어요. 4~4.9 규모는 방 안의 물건이 흔들리는 것을 뚜렷이 관찰할 수 있어요. 5~5.9 규모에서는 좁은 면적에 부실하게 지은 건물이 심한 손상을 입을 수 있어요. 6~6.9일 때는 주변 건물들이 붕괴될 수 있고, 7~7.9 규모에서는 넓은 지역에 걸쳐 심각한 피해가 발생한답니다.

4 태풍이 불어요!

태풍이 불 때는 이렇게 해요!

- 태풍이 불 때 밖에 있으면 위험해요. 되도록 외출은 삼가고 집이나 건물 안에 머물러요.

- 창문이 흔들리지 않도록 최대한 꼭 잠가요. 바람에 창문이 깨질 수도 있으니 창문에서 최대한 멀리 떨어진 곳에 있어요.

- 바람 때문에 쓰러지거나 날아갈 수 있으니 밖에 두었던 자전거나 화분은 집 안으로 옮겨 놔요.

- 비바람 때문에 정전이 될 수 있으니 양초와 손전등을 미리 준비해요.

- 밖에 있을 때 태풍이 불면 나무나 도로, 간판이 있는 쪽은 피해 다녀요. 강한 바람에 간판이 떨어지거나 나무가 쓰러질 수 있어요.

안전왕에게 물어봐!

 태풍이 불 때 왜 물가 쪽으로 가면 안 되나요?

 태풍이 불면 순식간에 엄청난 양의 비가 쏟아져 갑자기 물이 크게 불어나. 물이 불어나면 물살이 거세져서 휩쓸려 갈 수 있지. 그러므로 아무리 얕은 하천이라도 가까이 가지 않는 게 좋아.

 태풍이 불 때 왜 신호등 근처에 서 있으면 안 돼요?

 비와 바람이 거세지면 감전 사고가 일어날 수 있기 때문이야. 신호등뿐만 아니라 고압 전선이나 가로등이 있는 곳에도 가까이 가지 말렴.

 태풍이 불 때 왜 엘리베이터보다 계단이 안전한가요?

 태풍이나 홍수가 닥치면 엘리베이터에서 감전 사고가 일어날 수 있어. 그렇기 때문에 계단으로 이동하는 게 훨씬 안전하단다.

 태풍이 불 때 왜 어린이는 밖에 나가면 안 돼요?

 어린이는 몸집이 작고 힘도 약해. 그런 몸으로 커다란 나무가 쑥쑥 뽑힐 만큼 무시무시한 바람이 부는 곳에 있다면 당연히 위험하겠지? 또 어린이는 순발력이 떨어져서 위험 상황에 대처하기가 쉽지 않아. 그러니 태풍이 불 때는 집에 있는 게 안전해.

 태풍이 오기 전에 어떤 준비를 해야 하나요?

 우선 물이 잘 빠지도록 배수구를 점검해야 해. 또 주차한 자동차가 물에 잠길 수 있으니 안전한 곳으로 옮겨야지. 자전거도 집 안으로 들여놓아야 하고.

 퀴즈로 알아보는 안전 상식

태풍이 불 때는 어떻게 해야 할까요? 옳은 행동에 ○, 옳지 않은 행동에 ✕ 표시를 하세요.

❶ 태풍이 불 때 우산이 있으면 밖으로 나가도 된다. ( )

❷ 태풍이 불 때는 집에 빨리 가야 하니까 엘리베이터를 이용한다. ( )

❸ 태풍이 불 때는 창가에서 되도록 멀리 떨어져 있는다. ( )

❹ 태풍이 불 때 고압 전류 밑에 서 있어도 문제없다. ( )

❺ 태풍이 불 때 얕은 개울가에서는 놀아도 된다. ( )

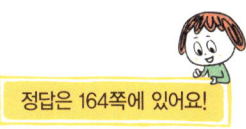
정답은 164쪽에 있어요!

태풍의 이름은 어떻게 정할까요?

태풍은 따뜻한 공기가 바다에서 수증기를 엄청나게 공급받아 강한 바람과 많은 비를 일으키는 기상 현상이에요. 발생 지역에 따라 이름이 다른데, 북태평양 서남부에서는 태풍, 북대서양과 멕시코만에서는 허리케인, 인도양, 아라비아해, 벵골만에서는 사이클론이라고 부르지요.

아시아태풍위원회는 2000년부터 아시아 각국 국민들의 태풍에 관한 관심을 높이고, 태풍에 대한 경각심을 불러일으키기 위해 아시아 14개국에서 제출한 태풍의 이름을 순서대로 사용하고 있어요. 우리나라는 '개미', '나리', '장미', '미리내', '제비' 등의 이름을 제출하였답니다.

5 홍수가 났어요!

홍수가 났을 때는 이렇게 해요!

- 갑작스럽게 홍수가 나 집이 물에 잠길 것 같다면 우선 높은 지역으로 피해요.

- 차 안에 있는데 주변에 물이 불어난다면 차에서 빨리 빠져나와 높은 곳으로 피해요.

- 계곡이나 강, 개천 근처에 있으면 안 돼요. 눈 깜짝할 사이에 물이 불어나 휩쓸려 갈 위험이 있어요.

- 라디오나 텔레비전의 일기 예보를 잘 듣고 지시대로 행동해요.

- 불어난 물에 빠졌다면 먼저 깨끗하게 씻어요. 물에 세균이 있거든요.

- 물에 빠졌던 음식은 절대 먹지 말고, 수돗물을 사용하기 전에 오염되지 않았는지 살펴봐요.

안전왕에게 물어봐!

 홍수가 무엇인가요?

 큰비로 강이나 하천에 갑자기 물이 크게 불어나 피해를 입히는 자연재해야. 비가 많이 와서 발생하는 경우도 있지만 하수 시설을 제대로 갖추지 않아 일어나기도 한단다.

 왜 홍수를 대비해 안전 상자를 준비해야 하나요?

 홍수가 발생하면 집 밖으로 대피해야 할 수도 있어. 이때 응급 약과 물, 간단한 비상식량을 담은 '안전 상자'를 미리 준비하면 구조될 때까지 조금 더 안전하게 기다릴 수 있지.

 홍수가 나면 왜 가스 밸브를 잠그고 가전제품의 플러그를 빼 두어야 하나요?

 만약 물이 불어나서 집이 잠기면 가스 배관이 터져 위험할 수 있어. 그래서 밸브를 꼭 잠가야 해. 또 감전 위험이 있으니 전기 차단기를 내리고 플러그를 모두 빼 두는 게 좋아.

 홍수가 나면 무조건 높은 곳으로 피해야 하나요?

 홍수가 나면 물에 잠기지 않을 정도의 높은 곳으로 피하고, 되도록 지하나 낮은 지역에 가지 않도록 해. 홍수 예보가 있으면 미리 대피할 만한 곳을 알아 두는 것도 좋겠지?

# 퀴즈로 알아보는 안전 상식

홍수가 났을 때는 어떻게 해야 할까요? 다음 중 옳은 행동에 ○, 옳지 않은 행동에 ✗ 표시를 하세요.

❶ 전선이 물에 잠기면 위험하다. ( )

❷ 홍수가 나면 낮은 지역에 가지 않는다. ( )

❸ 홍수가 나면 헤엄을 쳐서 빠져나와야 할 수도 있으니 수영복으로
갈아입는다. ( )

❹ 홍수에 대비해 안전 상자를 준비한다. ( )

❺ 차를 타고 가다가 물이 불어나면 재빨리 차에서 내려
높은 지역으로 피한다. ( )

정답은 164쪽에 있어요!

홍수가 일어나기 전에 무엇을 준비해야 할까요?

먼저 집 근처 하수구를 살펴봐요. 하수구가 막혀 있으면 빗물이 역류해 침수될 가능성이 있기 때문이에요. 또 집 안으로 물이 들어오지 못하도록 모래주머니를 준비해요. 단독 주택의 경우 지붕이나 담벼락이 망가지지 않도록 미리 수리해 놓아요. 또 상수도가 오염돼 물을 사용하지 못할 수 있으니 물을 받아 두는 것도 도움이 돼요.

미리미리 대비하면 큰 피해를 겪지 않을 거야!

2장

약물과 사이버 중독에서 안전하려면?

1. 약을 함부로 먹지 않아요! … 32

2. 약을 안전하게 보관해요! … 36

3. 화학 제품을 조심해요! … 40

4. 카페인과 스마트폰 중독은 위험해요! … 44

5. 나도 SNS 중독일까요? … 48

① 약을 함부로 먹지 않아요!

약을 먹을 때는 이렇게 해요!

- 의사가 증상을 확인하고 처방한 약을 먹어요. 같은 병이라도 이전과 증상이 완전히 같지 않으므로 매번 새롭게 약을 처방받아요.
- 약 봉투에 적혀 있는 복용법을 반드시 지켜요. 아프다고 더 먹거나, 먹기 싫다고 조금만 먹으면 안 돼요.
- 사용 기한이 지난 약은 먹지 말아요. 상한 음식을 먹으면 배탈이 나듯이 오래된 약을 먹으면 약효˚가 없고, 더 아플 수도 있어요.
- 증상이 비슷하다고 다른 사람이 먹던 약을 먹으면 안 돼요. 체중, 성별, 나이 등에 따라 먹어야 하는 용량이나 약의 종류가 다를 수 있기 때문이에요.
- 약을 복용하는 동안 다른 약을 함께 먹지 않아요. 부작용이 발생할 수 있어요.

약효 약의 효능.

안전왕에게 물어봐!

 약을 마음대로 먹으면 왜 안 되나요?

 증상에 맞지 않는 약을 먹거나 잘못된 방법으로 약을 먹는 것을 '오용'이라고 해. 내 생각대로 아무 약이나 먹거나, 하루에 세 번 나누어 먹어야 하는데 한꺼번에 다 먹는 것이 바로 오용이지. 약을 오용하면 증상이 더욱 심해지거나 다른 이상이 생길 수 있으므로 꼭 의사의 처방대로 먹어야 해.

 약을 먹으면 기분이 좋아져서 아프지 않을 때도 약을 먹고 싶어요.

 지속적으로 많은 양의 약을 먹거나 의학적으로 정해진 용도대로 먹지 않는 것을 '남용'이라고 해. 기분을 좋게 하려고 약을 먹는 것도 남용에 속하지. 약을 남용하면 내성*이 생겨서 정작 약을 먹어야 할 때 잘 듣지 않아 더 많은 양을 먹어야 할 수도 있어. 또한 중독 증세가 나타나는 등 부작용이 생길 수 있으니 주의해야 한단다.

 약을 음료수와 먹으면 안 되나요?

 약은 따뜻한 물과 함께 먹어야 해. 그래야 약이 몸속에 빨리 녹아 효과가 나타나고, 위도 보호해 줘. 약을 음료수와 먹으면 약이 몸에 제때 흡수되지 않는단다.

내성 약을 반복적으로 복용하여 약효가 저하하는 현상.

# 퀴즈로 알아보는 안전 상식

약을 먹을 때는 어떻게 해야 할까요? 다음 중 옳은 행동에 ○, 옳지 않은 행동에 ✗ 표시를 하세요.

❶ 약은 콜라와 먹어도 문제없다. ( )

❷ 아플 때는 집에 있는 약을 우선 먹는다. ( )

❸ 약은 정해진 양만큼만 먹는다. ( )

❹ 오래된 약은 버리는 것이 좋다. ( )

❺ 아프지 않더라도 예방 차원에서 약을 먹어도 된다. ( )

정답은 164쪽에 있어요!

약은 여러 곳에서 판매해요!

약은 대부분 의사가 내린 처방전에 따라 약국에서 구입할 수 있어요. 하지만 종합 감기약, 연고, 지사제 등은 처방전 없이도 약국에서 구입할 수 있어요. 또한 진통제, 해열제 등 안전 상비약 13가지 품목은 편의점에서도 구입할 수 있어요. 위급 상황에 대비하도록 허용한 것이지요.

편의점에서 구입할 수 있는 약

- 해열 진통제: 타이레놀정(500mg, 160mg), 어린이 타이레놀정(80mg), 어린이용 타이레놀 현탁액, 어린이 부루펜 시럽
- 감기약: 판콜에이 내복액, 판피린티정
- 소화제: 베아제정, 닥터 베아제정, 훼스탈 골드정, 훼스탈 플로스정
- 파스: 제일쿨파스, 신신파스 아렉스

② 약을 안전하게 보관해요!

- 알약은 다른 용기에 옮기지 말고 원래 용기에 담아 햇볕이 잘 들지 않는 서늘한 곳에 보관해요.

- 눈이나 귀에 넣는 약은 약물이 나오는 약병의 끝부분이 눈이나 귀에 직접 닿지 않도록 해요. 눈이나 귀에 닿은 약병을 다른 사람이 사용하면 병균이 옮을 수 있어요.

- 시럽은 햇볕이 잘 들지 않는 실온에 보관하고, 먹기 전에는 색깔이나 향이 변했는지 꼭 확인해요. 단, 냉장고에 보관해야 하는 시럽도 있으니 주의해요.

- 가루약은 습기가 없는 곳에 보관해요. 욕실이나 냉장고에 보관하면 습기 때문에 성분이 변할 수 있어요.

- 연고는 뚜껑을 잘 닫아 실온에 보관해요. 개봉 전이라면 2년 정도 보관할 수 있지만, 개봉한 뒤에는 6개월 안에 사용해야 해요.

안전왕에게 물어봐!

 연고는 어떻게 발라야 안전한가요?
 연고의 입구가 상처에 직접 닿으면 남은 연고가 오염될 수 있어. 그러므로 연고를 바를 때는 적당량을 면봉에 덜어서 사용해야 한단다.

 증상이 똑같아도 다른 약을 쓰는 경우가 있다고요?
 아토피가 심할 때나, 모기에 물렸을 때는 모두 가려운 증상이 나타나. 그러나 아토피 때문에 가려울 때는 아토피용 연고를, 모기에 물렸을 때는 물파스를 발라야 해. 약의 효과가 저마다 다르기 때문이지.

 약을 먹기 전에 무엇을 확인해야 하나요?
 약은 모양이나 색깔이 비슷한 경우가 많아. 그러니 헷갈리지 않도록 먹기 전에 내게 필요한 약이 맞는지 다시 한 번 확인하고, 복용법과 사용 기한을 살펴본 다음 복용해야 해.

퀴즈로 알아보는 안전 상식

약은 어떻게 보관해야 할까요? 다음 중 옳은 행동에 ○, 옳지 않은 행동에 ✕ 표시를 하세요.

❶ 가루약은 무조건 냉장고에 넣어 둔다. ( )

❷ 시럽을 먹기 전에 냄새나 향을 맡아 변했는지 확인한다. ( )

❸ 알약은 다른 용기에 옮겨서 보관한다. ( )

❹ 약은 사용 기한이 없으므로 다 먹을 때까지 버리지 않는다. ( )

❺ 안약은 약통 끝부분이 눈에 닿게 고정한 뒤 넣는다. ( )

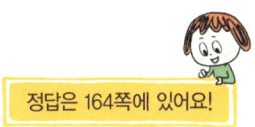
정답은 164쪽에 있어요!

약에 사용 기한이 있다고요?

음식에 유통할 수 있는 유통 기한이 있듯이 약에도 사용할 수 있는 사용 기한이 있어요. 사용 기한이 지난 약은 품질이 떨어지거나 성질이 변할 수 있으므로 폐기해야 해요.

약을 폐기할 때는 함부로 버려서는 안 돼요. 약이 쓰레기와 함께 땅에 묻히면 토양에 흡수되거나, 강으로 흘러 들어가 우리가 먹는 음식이나 물을 오염시킬 수 있어요. 약국이나 보건소에 있는 '폐의약품 수거함'에 버려야 안전하답니다.

시럽은 알약이나 가루약보다 성질이 쉽게 변하기 때문에 더욱 철저하게 사용 기한을 지켜야 해.

③ 화학 제품을 조심해요!

우리 주변에 있는 화학 제품을 조심해요!

- 락스, 세제, 살충제, 방향제, 접착제 등의 화학 제품은 함부로 만지거나 맛보아서는 안 돼요.

- 화학 제품은 아이들 손이 닿지 않는 곳에 보관해요.

- 아이들이 쉽게 알아볼 수 있도록 용기에 '위험' 표시를 해 두어요.

- 화학 제품은 원래 용기에 그대로 담아 사용해요. 특히 음식이나 음료를 담는 용기에 덜어서 사용하지 않아요.

- 화학 제품이 눈에 들어갔다면 곧장 물로 씻어 내고 병원에 가요.

- 살충제, 방향제 등 분사형 제품은 사용 후에 꼭 환기를 해요. 공기 중에 화학 제품이 남아 있어서 숨 쉴 때 공기와 함께 몸속으로 들어갈 수 있어요.

안전왕에게 물어봐!

 화학 제품을 안전하게 사용하려면 어떻게 해요?

화학 제품은 우리 몸에 좋지 않지만 생활에 필요하기 때문에 사용하지 않을 수는 없어. 그러므로 안전하게 사용하는 것이 무엇보다 중요해. 화학 제품 용기에 표기된 사용량을 지키는 것이 안전의 첫걸음이야. 사용량에 따라 위험해질 수 있거든. 또 화학 제품이 피부에 직접 닿지 않도록 장갑 등을 착용하고 사용해야 해. 만약 화학 제품이 피부에 닿았다면 깨끗이 씻어 내. 화장실을 청소할 때 주로 쓰는 락스는 물처럼 무색이야. 이런 화학 제품은 물로 착각하기 쉬우니 특히 조심해야 한단다. 또 살갗에 닿기만 해도 화상을 일으키는 위험한 화학 제품도 있으니 잘 살펴보도록 해.

생활에서 자주 쓰는 화학 제품도 어른들에게 물어보고 사용해야 하나요?

모기나 파리를 죽이는 데 쓰는 살충제, 옷에 밴 냄새를 없애는 탈취제, 향기를 퍼뜨리는 방향제는 생활에서 자주 접하는 화학 제품이야. 어린이가 이런 제품을 먹거나 함부로 만져서는 안 돼. 사용하기 전에 어른들에게 확인을 받고 알맞은 용도로, 정해진 양만 사용해야 한단다.

 화학 제품을 함부로 버리면 안 된다고요?

쓰고 남은 화학 제품은 설명서에 적혀 있는 방법이나 지자체에서 정한 방법에 따라 폐기해야 안전하단다.

 # 퀴즈로 알아보는 안전 상식

화학 제품을 안전하게 사용하려면 어떻게 해야 할까요? 다음 중 옳은 행동에 ◯, 옳지 않은 행동에 ✕ 표시를 하세요.

❶ 화학 제품 중에는 살갗에 닿기만 해도 화상을 입을 수 있는
   위험한 제품이 있다.   (   )

❷ 화학 제품이 눈에 들어갔을 때 후 불어서 제거하면 문제없다.   (   )

❸ 화학 제품은 어린이가 함부로 먹어서는 안 된다.   (   )

❹ 냄새가 나지 않고 색깔이 없는 화학 제품도 위험할 수 있다.   (   )

❺ 화학 제품을 쓸 때는 꼭 어른에게 물어보고 허락을 받아야 한다. (   )

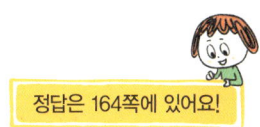
정답은 164쪽에 있어요!

위험한 화학 성분을 확인해요

화학 제품에 들어 있는 여러 성분 중 특히 우리 몸에 해로운 것이 있어요. 바로 벤젠, 납, 파라벤, 폼알데하이드 등이지요. 화학 제품을 구입할 때는 제품 뒷면에 표시된 성분을 꼼꼼히 확인하여 이러한 성분이 들어 있지 않은 것으로 구입하는 게 좋아요. 또한 '자가 검사 번호'를 확인해요. 이 번호를 부여받은 제품은 강화된 안전 기준을 통과한 제품이므로 조금 더 안전하답니다.

자가 검사 번호! 꼭 기억해야겠어!

4 카페인과 스마트폰 중독은 위험해요!

카페인과 스마트폰에 중독되지 않으려면 이렇게 해요!

- 콜라, 초콜릿, 커피 우유, 에너지 음료, 녹차, 커피 맛 아이스크림 등에는 카페인이 들어 있으니 많이 먹지 말아요.

- 음식을 고를 때 카페인 성분이 들어 있는지 꼭 확인해요.

- 목이 마를 때는 카페인이 함유된 콜라 대신 탄산수나 물을 마셔요.

- 잠자기 전에 스마트폰을 보면 제시간에 잠들기가 어려우니 잠자기 2시간 전부터는 스마트폰을 사용하지 말아요.

- 스마트폰을 갖고 노는 대신 친구들과 밖에서 뛰어놀거나 다른 취미 활동을 즐겨요.

- 스마트폰 사용을 절제할 수 있는 규칙을 만들고 실천해요.

- 공부할 때, 식사할 때 등 스마트폰이 필요 없을 때에는 부모님께 스마트폰을 맡겨요.

안전왕에게 물어봐!

 카페인 중독이 무엇인가요?

 우리 몸이 카페인이 함유된 음식을 자주 먹고 싶어 하는 증상이야. 카페인에 중독되면 점점 더 많은 양을 필요로 하고, 카페인을 먹지 않으면 신경이 예민해지거나 잠이 잘 오지 않고, 심장 박동이 빨라지는 등 부작용이 나타나.

 카페인이 들어 있는 음식에는 무엇이 있나요?

 가장 대표적인 음식은 어른들이 주로 마시는 커피나 녹차야. 그런데 아이들이 먹는 커피 맛 아이스크림이나 우유, 초콜릿, 콜라, 사이다 같은 탄산음료에도 카페인이 들어 있어. 카페인은 깊이 잠들지 못하게 해서 성장 호르몬 분비를 방해한단다.

 카페인은 하루에 얼마만큼 먹어야 안전한가요?

어른들은 400mg 이하를 먹으면 되지만, 어린이는 60mg 미만으로 먹어야 해. 초콜릿 한 조각에 16mg, 커피 맛 아이스크림에 29mg 정도의 카페인이 들어 있어. 콜라에는 23mg이 들어 있지. 커피 우유에는 무려 47mg이 들어 있고. 그러니 하루에 초콜릿은 3개, 커피 맛 아이스크림은 2개, 커피 우유는 한 잔 정도를 먹는 것이 적당해.

 스마트폰을 보면 왜 집중력이 떨어져요?

우리의 뇌는 좌뇌와 우뇌로 나뉘어져 있어. 그런데 스마트폰을 할 때는 한쪽 뇌만 쓰고, 다른 쪽 뇌는 거의 쓰지 않아. 그렇다 보니 스마트폰을 오래 하면 한쪽 뇌만 지나치게 스트레스를 받아 자연히 집중력이 떨어지고 건강을 해친단다. 또 언어 능력, 운동 능력, 사고력 등이 발달하는 데에도 좋지 않은 영향을 끼치므로 어린이는 사용을 자제하는 게 좋아.

퀴즈로 알아보는 안전 상식

카페인과 스마트폰에 중독되지 않으려면 어떻게 해야 할까요? 다음 중 옳은 행동에 ○, 옳지 않은 행동에 ✕ 표시를 하세요.

❶ 카페인은 많이 먹을수록 좋다. ( )

❷ 어린이는 하루 400mg 이상의 카페인을 섭취해도 된다. ( )

❸ 성장기 어린이가 카페인이 든 음식을 많이 먹으면 성장 호르몬이 잘 분비되지 않는다. ( )

❹ 시중에 나와 있는 음식은 안전하니 카페인 성분을 확인할 필요가 없다. ( )

❺ 스마트폰을 오래 봐도 집중력에 문제가 생기지 않는다. ( )

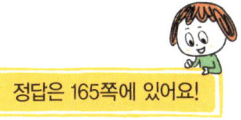

정답은 165쪽에 있어요!

나는 스마트폰 중독일까요?

항목	표시
길을 건널 때도 스마트폰을 본다.	
부모님이랑 얘기할 때도 스마트폰을 본다.	
스마트폰이 없으면 불안하다.	
정해진 시간보다 오래 스마트폰을 한다.	
혼자 있을 때는 스마트폰을 갖고 노는 것이 제일 편하고 재미있다.	

○표가 4개 이상이면 심각한 스마트폰 중독이에요. 앞으로 반드시 스마트폰 사용 시간을 줄여야 해요. ○표가 3개 이상이면 위험한 수준이에요. 스마트폰을 적당히 보는 습관을 들여야 해요. ○표가 2개 이상이면 스마트폰을 적당히 사용하고 있으니 걱정할 것 없어요.

5 나도 SNS 중독일까요?

사이버 중독을 예방하려면 이렇게 해요!

- 자꾸 SNS를 들여다보고 확인하고 싶다면, 중독될 위험이 있는 거예요.

- SNS는 시간을 정해 이용해요. 시간을 정하지 않고 자유롭게 이용할 때보다 마음을 다스릴 수 있어요.

- 스마트폰 화면을 흑백으로 바꿔요. 사람은 밝은색에 영향을 받기 때문에 흑백 화면이 스마트폰 사용 시간을 줄이는 데 도움이 돼요.

- SNS 알림 설정을 꺼 놓아요. 그러면 댓글이나 '좋아요' 같은 사람들의 반응을 확인하고 싶은 욕구를 참을 수 있어요.

- SNS를 정해진 시간보다 더 많이 사용하고 있다면 부모님께 스마트폰을 맡겨 두었다가 필요할 때만 사용해요.

안전왕에게 물어봐!

SNS는 무조건 하지 말아야 하나요?
SNS를 통해 친구들과 소통하고 정보를 얻을 수 있어. 하지만 지나치게 몰두하면 시간을 빼앗겨 해야 할 일을 제때 하지 못해. 그러니 정해진 시간에만 SNS를 하는 게 좋아.

SNS보다 직접 만나서 대화하는 것이 더 좋다고요?
'좋아요'를 누르고 댓글을 다는 것은 다른 사람과 소통하기 위한 행동이야. 그러나 모르는 사람에게 나의 신분이나 동선을 알리는 것은 위험해. 깊이 소통하기도 어렵지. 그러니 실제로 만나 대화하고 마음을 나누도록 노력해 보렴.

관심받는다고 다 좋은 건 아니라고요?
어떤 사람들은 SNS에서 관심을 끌기 위해 자극적인 게시물을 올리거나 악플을 달고, 심지어 욕설을 하기도 해. 이런 잘못된 행동은 일시적으로 관심을 끌 뿐이야. 그리고 현실에서 친구를 사귀는 데에도 나쁜 영향을 미치지. 그런 행동을 좋아하는 사람은 없을 테니까.

 # 생활 속 알찬 안전 상식

나는 과연 SNS 중독일까요? 다음 중 내게 해당하면 ○, 해당하지 않으면 ✕ 표시를 하세요.

❶ SNS를 사용하거나 사용할 계획을 세우는 데에 시간을 많이 쓴다. ( )

❷ 친구를 만나서 이야기하는 것보다 SNS상에서 이야기하는 게 더 편하다. ( )

❸ SNS를 하느라 숙제를 하지 못한 적이 있다. ( )

❹ SNS에 올린 내 글에 사람들이 어떤 반응을 보이는지 자꾸 확인하고 싶다. ( )

❺ SNS를 못 하면 불안하고 짜증이 난다. ( )

❻ 꼭 봐야 하는 것도 아닌데 하루에도 몇십 번씩 SNS를 본다. ( )

❼ SNS를 하다 보면 시간 가는 줄 모른다. ( )

○ 표가 6개 이상이면 SNS 중독이니 이제부터라도 조심해요.
○ 표가 3~5개이면 중독될 위험이 있으니 주의해요.
○ 표가 2개 이하면 중독이 아니니 안심해도 된답니다.

3장

실종과 유괴, 폭력에서 안전하려면?

1. 길을 잃었어요! ··· 54

2. 낯선 사람을 따라가면 안 돼요! ··· 58

3. 사이버 폭력도 폭력이에요! ··· 62

4. 친구의 몸에 멍이 들었어요! ··· 66

5. 따돌림도 학교 폭력이에요! ··· 70

6. 내 몸을 지켜요! ··· 74

① 길을 잃었어요!

길을 잃었을 때는 이렇게 해요!

- 무조건 걷지 말고 일단 멈춰 선 다음 주변 사람에게 도움을 청해요.

- 도움을 청할 때는 경찰이나 아이를 데리고 있는 어른한테 부탁하는 게 안전해요. 울거나 당황하지 말고 이름, 집 주소(또는 목적지 주소), 전화번호를 또박또박 말하면 더욱 쉽게 길을 찾아 줄 거예요.

- 만약 주변에 도움을 청할 사람이 없으면 공중전화를 찾아요. 긴급 버튼을 누르고 112에 전화해 사정을 말하면 경찰이 도와줄 거예요.

- 전화를 걸 수 없거나 패턴이 잠겨 있는 휴대 전화라도 잠금 화면에 있는 긴급 버튼을 누르면 112로 연결되니 당황하지 말아요.

- 외출할 때는 항상 부모님께 이야기하고 허락을 맡은 뒤에 나가요. 그래야 부모님이 여러분을 찾을 수 있어요.

안전왕에게 물어봐!

 길을 잃으면 왜 멈춰 서야 해요?

 길을 잃었는데 무턱대고 앞으로 가다 보면 왔던 길에서 더 멀어져 아예 모르는 곳으로 갈 수 있어. 특히 어른과 함께 있다가 길을 잃었을 때는 그 자리에 가만히 있어야 어른들이 더 쉽게 찾을 수 있단다.

 길을 잃었을 때 왜 아무에게나 도움을 청하면 안 되나요?

 길을 잃었을 때 울지 않고 어른에게 도움을 청하는 건 무척 중요해. 하지만 낯선 사람이 나쁜 마음을 먹고 유괴하거나, 해칠 수 있으니 신중해야 해. 주변에 있는 상점 점원, 경찰, 아이를 데리고 있는 어른에게 도움을 청하는 게 안전하단다.

 외출할 때 왜 부모님께 어디에 가는지 얘기해야 해요?

 부모님께 미리 외출 사실을 말하면 데려다 주시거나, 마중을 나오실 거야. 또 부모님이 외출한 사실을 알고 있어야 네가 제시간에 돌아오지 않을 경우 찾으시겠지? 바깥은 쌩쌩 오가는 자동차와 복잡한 길 등 어린이들에게 위험한 요소가 너무 많아. 그러니까 꼭 부모님께 말씀드리고 외출해야 한단다.

퀴즈로 알아보는 안전 상식

길을 잃었을 때는 어떻게 해야 할까요? 다음 중 옳은 행동에 ○, 옳지 않은 행동에 ✕ 표시를 하세요.

❶ 아무에게나 도와 달라고 떼를 쓰며 운다. ( )

❷ 침착하게 엄마 아빠의 이름과 전화번호, 집 주소 등을 기억하려고 애쓴다. ( )

❸ 아이를 데리고 있는 어른에게 파출소에 데려다 달라고 부탁한다. ( )

❹ 공중전화를 찾아 112를 누르고 도움을 요청한다. ( )

❺ 엄마와 함께 있다가 길을 잃었을 때 그 자리에서 엄마를 기다린다. ( )

정답은 165쪽에 있어요!

큰 간판이나 건물을 얘기해요

만약 길을 잃었다면 골목으로 들어가지 말고 큰길로 나와요. 골목길은 대부분 비슷비슷하고 큰 건물이 없어서 위치를 설명하기가 어려워요. 도움을 청할 수 있는 사람이나 공중전화도 큰길에 더 많지요. 공중전화로 112에 신고를 했다면 큰 간판이나 건물 이름을 얘기해 위치를 설명해요. 만약 동전이 있다면 부모님께 전화를 걸어 같은 방법으로 위치를 설명해요.

② 낯선 사람을 따라가면 안 돼요!

낯선 사람이 다가오면 이렇게 해요!

- 낯선 사람이 주는 돈, 과자, 음료수 등을 함부로 받아서는 안 돼요.

- 낯선 사람이 길을 묻거나, 도와달라고 하면 "어른에게 도움을 청하세요"라고 말하며 거절하세요. 어른은 아이의 도움이 필요 없어요.

- 친구가 낯선 사람과 함께 있거나, 따라가려는 모습을 보면 빨리 어른들에게 그 사실을 알려요.

- 사람이 없는 놀이터에서 혼자 놀지 말아요. 낯선 사람이 다가와도 도움을 요청할 수 없으니까요.

- 집에 혼자 있을 때, 모르는 사람에게 전화가 오면 절대 "혼자 있다"고 말하지 말아요. 엄마 아빠의 이름을 물어도 알려 주면 안 돼요.

 ## 안전왕에게 물어봐!

🙋 **모르는 사람이 엄마의 부탁으로 데리러 왔다고 하면 어떡하죠?**

👮 "부모님이 바쁘셔서 아줌마가 대신 널 데리러 왔단다"라고 말해도 절대 따라가면 안 돼. 부모님은 네가 모르는 사람에게 널 데려와 달라고 부탁하지 않는단다. 낯선 사람이 자꾸 가자고 하면 부모님에게 전화해 확인시켜 달라고 하렴.

🙋 **낯선 사람과 단 둘이 엘리베이터를 타게 될 때는 어떻게 하나요?**

👮 낯선 사람과 단 둘이 엘리베이터를 타는 건 위험해. 그럴 때는 타지 말고 기다렸다가 다른 사람들이 오면 함께 타도록 해.

🙋 **모르는 사람이 차를 타고 가자고 하면 어떡해요?**

👮 절대 함께 가선 안 돼. 억지로 끌고 가려고 하면 "싫어요, 안 돼요, 도와주세요!"라고 큰 소리로 외치고 주변 사람들에게 도움을 청해. 또 차에 탄 사람이 말을 걸면 팔을 뻗어도 닿지 않을 만큼 멀리 떨어져서 이야기하렴.

🙋 **아는 사람도 조심해야 해요?**

👮 같은 동네에 사는 사람, 자주 얼굴을 보는 사람이라도 무조건 믿어서는 안 돼. 친절하고 상냥했던 사람이 나쁜 마음을 먹는 경우도 더러 있으니까. 특히 혼자 집에 있을 때는 아는 사람이 오더라도 문을 열어 주거나, 따라가지 말렴. 택배도 직접 받지 말고, 경비실에 맡겨 달라고 하거나 문 앞에 놓아 달라고 해.

퀴즈로 알아보는 안전 상식

모르는 사람이 다가올 때는 어떻게 해야 할까요? 다음 중 옳은 행동에 ○, 옳지 않은 행동에 ✕ 표시를 하세요.

❶ 모르는 사람이 주는 과자나 음식을 먹어도 괜찮다. ( )

❷ 엄마 대신 데리러 왔다고 하면 낯선 사람을 따라가도 된다. ( )

❸ 집에 혼자 있을 때는 택배 기사가 와도 절대 문을 열어 주지 않는다. ( )

❹ 모르는 어른이 도와 달라고 하면 '다른 어른에게 도움을 청하세요'라고 말하고 거절한다. ( )

❺ 모르는 사람이 억지로 끌고 가려고 하면 큰 소리로 "도와주세요!"라고 외친다. ( )

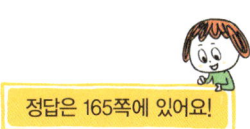

정답은 165쪽에 있어요!

내 정보를 알려 주지 마세요!

내 정보를 다른 사람에게 함부로 알려 주면 안 돼요. 범죄에 악용할 수 있기 때문이지요. 만약 모르는 사람이 내 이름이나 부모님의 이름, 전화번호, 집 주소 등을 물으면 절대 알려 주지 말고 부모님께 직접 물어보라고 해요. 게임이나 채팅에서 만난 사람도 모르는 사람이나 마찬가지예요. 이들에게도 내 정보를 가르쳐 주면 안 돼요. 또 직접 만나자고 해도 절대 나가서는 안 돼요. 계속 만나자고 하면 부모님께 꼭 말씀드려요.

너희의 개인 정보는 무척 소중하다는 사실을 잊지 말렴!

③ 사이버 폭력도 폭력이에요!

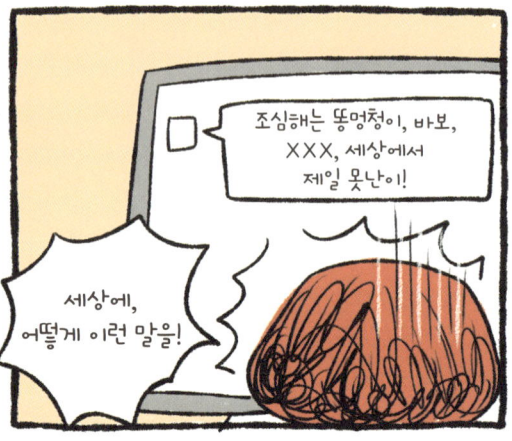

사이버 폭력에는 이렇게 대처해요!

- 내 아이디를 도용해 악플을 달 수도 있으니 아이디와 비밀번호는 다른 사람에게 알려 주지 말아요.
- 다른 사람과 함께 사용하는 컴퓨터에는 아이디, 비밀번호 등 개인 정보를 저장하지 말아요.
- 사이버상에서 원하지 않는 대화를 시도하는 사람에게는 싫다는 의사를 확실히 표현해요.
- 악플 등을 걸러 주는 필터링 소프트웨어˙를 사용해요.
- 사이버 폭력이 계속될 때는 화면을 캡처˙해서 증거를 수집하고, 어른들에게 도움을 요청해요.

필터링 소프트웨어 어린이에게 부적절한 내용이 보이지 않게 해 주는 보안용 프로그램.
캡처 컴퓨터, 스마트폰에 보이는 화면을 저장하는 것.

 ## 안전왕에게 물어봐!

사이버 폭력은 무엇인가요?

사이버 폭력은 인터넷 게시판이나 SNS 등 인터넷상에서 이루어지는 괴롭힘을 말해. 욕설이나 성적 수치심을 주는 말, 허위 사실은 물론이고 모바일 메신저 등에서 친구를 따돌리는 사이버 따돌림도 사이버 폭력에 해당한단다.

사이버 폭력이 계속되면 어떻게 해야 하나요?

사이버 폭력이 계속되면 신고를 해야 해. 사이버 폭력을 당하는 피해자들은 대부분 부끄러워서 신고를 꺼리는데, 사이버 폭력은 피해자가 잘못해서 일어나는 일이 아니기 때문에 부끄러워할 필요가 없단다. 범죄 행위가 사라질 수 있도록 당당하게 나서야 해.

사이버 폭력이 왜 나쁜가요?

사이버상에서는 자신의 정체를 밝히지 않아도 되기 때문에 누구나 쉽게 사이버 폭력을 저지를 수 있어. 또한 허위 사실이 순식간에 퍼져 나가 피해가 더욱 커지기도 하지. 한 번 게재된 내용은 삭제하기가 어려워서 평생 기록이 남는다는 두려움에 시달리게 만들기도 해.

사이버 폭력의 가해자가 되지 않으려면 어떻게 해야 하나요?

사이버 공간에서는 익명성 때문에 누구나 쉽게 사이버 폭력의 유혹에 빠질 수 있어. 하지만 나는 장난으로 한 말에 당하는 사람은 상처받는다는 사실을, 또 이러한 행동이 범죄라는 사실을 결코 잊어서는 안 돼. 사이버상에서 만난 사람도 현실에서 만난 사람과 똑같이 존중해야 한다는 사실을 잊지 말렴.

 # 퀴즈로 알아보는 안전 상식

사이버 폭력을 당할 때는 어떻게 해야 할까요? 다음 중 옳은 행동에 ○, 옳지 않은 행동에 ╳ 표시를 하세요.

❶ 사이버 폭력을 당하면 나도 똑같이 되갚아 준다.   (   )

❷ 다른 사람의 SNS에는 허위 사실이나 욕을 써도 된다.   (   )

❸ 사이버 폭력이 계속되어도 꾹 참는다.   (   )

❹ 사이버 폭력을 당하면 신고 센터에 신고하여 더 이상 나쁜 짓을
   하지 못하도록 막는다.   (   )

❺ 내 아이디나 비밀번호가 유출되지 않도록 조심한다.   (   )

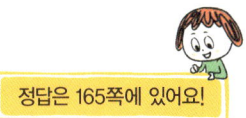
정답은 165쪽에 있어요!

사이버 폭력을 신고할 수 있는 곳

사이버 폭력은 단순한 장난이 아니라 범죄예요. 사이버상에서 모욕적인 말, 성적 수치심이 드는 말, 명예를 훼손하는 말 등으로 피해를 입었다면 아래 홈페이지에 신고하거나 전화로 도움을 요청해요.

- 한국 성폭력 상담소(www.sisters.or.kr)
- 한국 사이버 감시단(www.wwwcap.or.kr)
- 방송통신 심의 위원회(www.kocsc.or.kr)
- 경찰청(www.police.go.kr)
- 도란도란 학교 폭력 예방 센터(☎117)

4 친구의 몸에 멍이 들었어요!

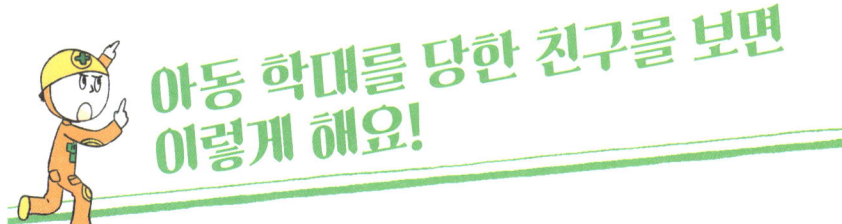

아동 학대를 당한 친구를 보면 이렇게 해요!

- 친구가 아동 학대에 시달리는 것 같다면 친구를 설득하여 112에 신고해요. 아동 학대는 심각한 범죄니까요.

- 신고를 할 때는 피해 아동의 상태와 누가 왜 그랬는지를 설명해요.

- 혼자 신고하기 어려우면 부모님이나 선생님 등 주변의 어른들에게 사실을 알리고 도움을 청해요.

- 아동 학대 피해 사실을 부끄러워하는 친구에게 창피한 일이 아니고, 친구의 잘못 때문이 아니라고 말해 줘요. 또 어떤 상황에서도 폭력이 정당화될 수 없음을 알려 줘요.

- 신체에 해를 입히는 것 외에 욕설을 하거나 심리적으로 괴롭히고, 방임하는 것도 폭력이에요.

 ## 안전왕에게 물어봐!

 아동 학대가 무엇인가요?

 아동 학대란 말 그대로 아이를 때리고, 괴롭히는 것을 말해. 몸을 심하게 꼬집고, 물고, 할퀴고, 때리고, 다치게 하거나, 잠을 재우지 않고, 벌거벗겨 내쫓는 등의 행동도 아동 학대야. 또한 밥을 제대로 챙겨 주지 않고 방치하거나 더러운 환경에서 지내게 하는 것, 제때 학교에 보내지 않고 다쳤는데 병원에 데려가지 않는 것도 아동 학대란다.

 아이가 잘못해서 맞는 것 아닌가요?

 어떤 경우에도 폭력을 용납하면 안 돼. '말을 듣지 않으면 맞아야 한다', '맞을 짓을 했으니까 때린다', '사랑하기 때문에 때린다' 등의 이유로 폭력을 정당화할 수 없어. 말을 못 알아들으면 알아듣도록 설명하면 돼. 세상에 맞을 짓은 없고, 상대를 때리는 건 절대 사랑이 아니라는 것을 잊지 말렴.

 아동 학대를 당하면 어떻게 대처해야 하나요?

 만약 아동 학대를 당했다면 거부 의사를 똑바로 표현해야 한단다. 그리고 폭력을 행사하는 사람이 없는 곳으로 피해. 가까운 곳에 도움을 청할 어른이 있다면 주저하지 말고 상황을 알려야 해.

# 퀴즈로 알아보는 안전 상식

아동 학대를 당할 때는 어떻게 해야 할까요? 다음 중 옳은 행동에 ○, 옳지 않은 행동에 ✕ 표시를 하세요.

❶ 아동 학대를 당하는 아이를 보면 모른 척한다. ( )

❷ 아동 학대는 그 아이 개인의 문제이므로 내가 나설 필요 없다. ( )

❸ 아동 학대는 범죄이므로 반드시 신고해야 한다. ( )

❹ 아동 학대는 112에 신고한다. ( )

❺ 내가 폭력을 당했을 경우, 반드시 이웃이나 선생님께 상황을 알리고 도움을 청한다. ( )

정답은 165쪽에 있어요!

아동 학대 신고는 어렵지 않아요!

아동 학대를 당했을 때 신고할 수 있는 기관은 여러 곳이 있어요. 또 스마트폰 앱으로도 쉽게 신고할 수 있지요. 뿐만 아니라 신고로 인해 피해를 입거나 소란을 겪을까 봐 걱정하지 않아도 돼요.

아동 학대 신고 기관
- 경찰(☎112, 스마트폰앱 '스마트 국민제보')
- 보건복지콜센터(☎129)
- 아동 보호 전문 기관(www.korea1391.go.kr)

5 따돌림도 학교 폭력이에요!

따돌림을 당할 때는 이렇게 해요!

- 선생님이나 부모님에게 사실을 알리고, 상황이 심각하다면 경찰에 신고하여 도움을 받아요.

- 괴롭힘 당한 내용을 일기에 기록해 두어요. 나중에 증거로 활용할 수 있어요.

- 괴롭힘을 당할 때 상대에게 '싫다'고 분명하게 의사를 표현해요.

- 따돌림은 당하는 사람의 잘못이 아니에요. 움츠러들지 말고 자신이 가장 잘할 수 있는 것을 자신 있게 내보여요.

- 필요하다면 전문 상담가와 상담하거나 의료 기관에서 마음의 상처를 치료받아요.

안전왕에게 물어봐!

 학교 폭력이 무엇인가요?

 말 그대로 학교 안팎에서 학생을 대상으로 일어나는 괴롭힘을 말해. 친구를 때리고, 놀리고, 괴롭히는 것뿐 아니라 은근히 따돌리거나 무시하는 것도 학교 폭력이지. 또 친구의 물건을 빼앗고 하기 싫어 하는 일을 강제로 시키는 것도 학교 폭력이야. 내가 하는 행동이 친구에게 상처가 될 수 있다는 걸 항상 기억하렴.

 친구가 학교 폭력을 당할 때는 어떻게 해야 할까요?

친구가 학교 폭력을 당하는 상황을 목격한다면 어른들에게 알리거나 신고해야 해. 나까지 괴롭힘을 당할까 봐 두려워 친구를 돕지 않는다면, 친구는 학교 폭력에서 벗어날 수 없어. 신고를 한 사람이 누구인지 드러나지 않으니, 용기를 내어 주변에 알려야 한단다.

 학교에서 친구를 괴롭히면 처벌받나요?

학교 폭력은 범죄이기 때문에 학교에서 자체적으로 내리는 징계와 별개로 법적으로 처벌받을 수 있어. 또 피해 학생의 치료비를 부담하는 등 물질적·정신적 피해 보상을 해야 한단다.

퀴즈로 알아보는 안전 상식

학교 폭력을 당할 때는 어떻게 해야 할까요? 다음 중 옳은 행동에 ◯, 옳지 않은 행동에 ✕ 표시를 하세요.

❶ 학교에서 친구들이 폭력을 휘둘러도 무조건 꾹 참는다. ( )

❷ 폭력을 당한 사실을 선생님이나 부모님께 알려 봐야 소용없으므로 혼자만 알고 있다. ( )

❸ 학교 폭력은 친구가 때리거나 상처를 입힌 경우만 해당한다. ( )

❹ 학교 폭력을 일삼으면 어린이라도 처벌받을 수 있다. ( )

❺ 내가 폭력을 당할 경우 얼마나 괴로울지 생각해 보고, 다른 친구들에게 그런 행동을 해서는 안 된다. ( )

정답은 165쪽에 있어요!

학교 폭력을 당했을 때 상담받을 수 있어요

자신이 학교 폭력을 당했거나 주위 친구들이 당하는 것을 보았을 때, 상담하거나 신고할 수 있는 곳을 알아 두세요. 혼자서 해결하기 어려우니 도움을 받는 게 좋아요.

- 아동·여성·장애인 경찰 지원 센터
  (☎117, www.safe182.go.kr)
- 청소년 폭력 예방 재단(www.jikim.net)

청소년 폭력 예방 재단 홈페이지

⑥ 내 몸을 지켜요!

성폭력에는 이렇게 대처해요!

- 누군가 억지로 몸을 만지려고 하면 단호하게 "싫어요, 안돼요!"라고 소리쳐 자신의 의사를 표현해요.

- 낯선 사람의 차를 타거나, 모르는 사람을 함부로 따라가서는 안 돼요.

- 외진 곳에 있는 공공 화장실이나 으슥한 골목길처럼 낯선 사람과 둘만 남을 수 있는 곳에 갈 때는 반드시 친구나 어른과 함께 가요.

- 낯선 사람과 단 둘이 엘리베이터를 타야 하는 상황이라면 잠시 기다렸다가 다른 사람이 왔을 때 함께 타요.

- 만약 성폭력을 당했다면 반드시 부모님께 사실대로 이야기해요.

- 성폭력을 당했을 경우 반드시 병원에 가서 치료하고 의사와 상담을 해요.

안전왕에게 물어봐!

소중한 내 몸을 어떻게 지켜야 하나요?
놀이터에서 혼자 놀거나, 으슥한 골목길을 혼자 걷지 말아야 해. 나쁜 사람이 다가와서 괴롭힐 수도 있으니까 말이야. 만약 내 몸을 만지려는 사람을 만난다면 싫다는 의사를 확실히 표현하고 주위 사람에게 도움을 청하렴. 또 집에 혼자 있을 때는 문을 열어 두지 말아야 한단다. 이름이나 주소 등 개인 정보를 함부로 다른 사람에게 이야기하지 말고, 가방이나 소지품에도 이름을 크게 써 놓지 말아야 해.

성폭력을 당했을 때 부모님께 비밀로 하면 안 되나요?
부모님은 언제나 네 편이야. 부모님한테 비밀을 솔직하게 털어놓아야 무서운 마음을 빨리 떨쳐 낼 수 있고, 나쁜 사람을 벌 받게 할 수 있어. 이 모든 일은 너의 잘못이 아니니 두려워할 필요 없단다.

또래 친구도 내 몸을 만지면 안 되나요?
성폭력은 또래 친구들 사이에서도 일어날 수 있어. 원치 않는데 친구가 내 몸을 만지는 것, 치마를 올리거나 바지를 내리는 장난도 성폭력이야. 이때도 싫다는 의사를 정확하게 표현해야 해. 그래도 친구가 계속 그런 행동을 한다면 선생님이나 부모님께 도움을 요청해야 한단다.

퀴즈로 알아보는 안전 상식

성폭력에 어떻게 대처해야 할까요? 다음 중 옳은 행동에 ○, 옳지 않은 행동에 ╳ 표시를 하세요.

❶ 부모님께 비밀로 한다.　　　　　　　　　　　　　　　　（　）

❷ 내 몸을 억지로 만지려는 사람에게 "싫어요, 안 돼요!"라고 소리쳐
　 의사 표현을 한다.　　　　　　　　　　　　　　　　　　（　）

❸ 으슥한 골목이나 외진 화장실은 절대 혼자 가지 않는다.　（　）

❹ 모르는 어른이 도움을 청하면 무조건 따라가서 돕는다.　（　）

❺ 성폭력을 당했다면 부모님에게 빨리 사실을 얘기하고 병원에 가서
　 상담을 받는다.　　　　　　　　　　　　　　　　　　　　（　）

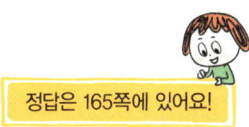

정답은 165쪽에 있어요!

몸을 만지는 것만 성폭력이 아니에요!

친구가 음란 사진을 보여 주며 장난을 치는 것도 성폭력이에요. 친구가 이메일이나 모바일 메신저로 음란물을 보내 왔다면 "나는 그런 거 싫어. 보내지 마!"라고 단호하게 이야기해요. 그리고 곧장 음란물을 삭제하고 다른 친구에게 보여 주거나 전달하지 않도록 해요.

또 수치심이나 불쾌감을 주는 성적 농담도 성폭력이랍니다. 주위에 이러한 행동을 하는 친구가 있다면 잘못된 행동임을 알려 주고, 불쾌감을 확실하게 표현해요.

4장

교통사고에서 안전하려면?

1. 안전하게 길을 걸어요! … 80

2. 비 올 땐 어떻게 건널까요? … 84

3. 횡단보도는 어떻게 건널까요? … 88

4. 버스를 탈 땐 어떻게 해요? … 92

5. 지하철을 탈 때도 조심해요! … 96

6. 교통안전 표지판을 익혀요! … 100

7. 자전거를 안전하게 타요! … 104

① 안전하게 길을 걸어요!

길을 걸을 때는 이렇게 해요!

- 사람은 보행자 도로로, 자동차는 차도로 다녀요.

- 골목에서 큰길로 나올 때는 항상 양옆을 살펴요. 갑자기 큰길로 툭 튀어나오면 지나가는 자동차와 부딪칠 수 있어요.

- 보행자 도로를 걸을 때는 차도와 먼 안쪽으로 걸어요.

- 보행자 도로에 자전거가 다니지 않는지 잘 살피며 걸어요.

- 스마트폰을 보며 걷지 않도록 해요. 장애물을 보지 못해 넘어질 수 있어요.

- 이어폰으로 노래를 크게 들으며 걷지 말아요. 차가 다가오는 소리를 듣지 못해 큰 사고가 날 수 있어요.

- 차도 주변에서는 바퀴 달린 신발을 신었더라도 걸어서 다녀요.

안전왕에게 물어봐!

 보행자 도로와 차도가 구분되지 않은 길에서는 어떻게 해요?

보행자 도로와 차도가 명확히 구분되지 않는 도로를 '이면 도로'라고 해. 이면 도로에서는 사람과 오토바이, 자전거, 자동차가 함께 다니기 때문에 아주 복잡하단다. 그러니 항상 차량의 움직임을 살피며 걸어야 해. 또 이면 도로의 가장 안쪽으로 걷는 게 안전하단다.

 차가 많이 주차된 길을 걸을 때는 어떻게 해요?

주차 중이던 차가 갑자기 후진을 하거나 앞으로 움직일 수 있으니 항상 조심해야 해. 되도록 자동차의 앞이나 뒤로는 걸어다니지 않는 게 좋겠지?

 보행자 도로가 끊기면 어떡해요?

보행자 도로가 끊긴 곳에서는 일단 멈춘 다음 지나가는 차가 있는지 확인하고 길을 건너. 모퉁이를 돌 때도 양옆을 살피며 조심히 걸어야 해. 불쑥 튀어 나갔다가는 달려오는 차와 부딪칠 수 있단다.

 길가에서 자전거, 인라인스케이트 등을 타면 안 되나요?

자전거나 인라인스케이트, 스케이트보드 등은 정해진 장소에서만 타야 해. 길가에서 타면 사람이나 차에 부딪칠 위험이 크단다. 특히 자전거는 내려서 끌고 가는 게 안전해.

퀴즈로 알아보는 안전 상식

길을 걸을 때는 어떻게 해야 할까요? 다음 중 옳은 행동에 ○, 옳지 않은 행동에 ✕ 표시를 하세요.

❶ 차가 없으면 차도로 다녀도 된다.　　　　　　　　　　(　)

❷ 보행자 도로를 걸을 때는 무조건 안심해도 된다.　　　(　)

❸ 보행자 도로가 끊기면 뛰어서 지나간다.　　　　　　　(　)

❹ 보행자 도로를 걸을 때는 되도록 안쪽으로 걷는다.　　(　)

❺ 보행자 도로를 걸을 때 자전거를 조심한다.　　　　　 (　)

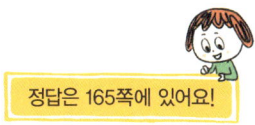
정답은 165쪽에 있어요!

자동차에는 사각지대가 존재해요!

인도와 차도의 구분이 없는 길을 걸을 때 자동차 운전자가 알아서 피해 가겠지 하고 생각하면 안 돼요. 자동차의 백미러나 사이드 미러로도 확인할 수 없는 각도인 사각지대가 있거든요.
또 자동차가 사람을 발견했다고 하더라도 달리던 속도 때문에 바로 정지하지 못할 수 있어요. 그러니 항상 주의해야 한답니다.

주변에 자동차가 있으면 조심 또 조심!

② 비 올 땐 어떻게 건널까요?

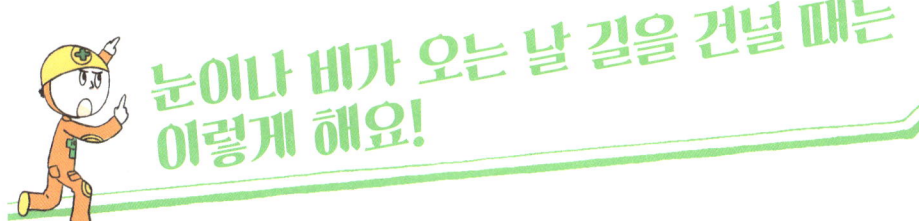

눈이나 비가 오는 날 길을 건널 때는 이렇게 해요!

- 빗소리 때문에 차가 오는 소리를 못 들을 수 있으니 늘 주의를 기울여요.
- 앞이 보이도록 우산은 눈의 위치보다 높이 들고 걸어요.
- 날이 어두워도 운전자가 볼 수 있도록 밝은색 우산을 써요. 옷과 장화도 밝은색을 착용해요.
- 미끄러지지 않도록 운동화나 장화를 신어요.
- 횡단보도에서 신호를 기다릴 때는 차도에서 멀찍이 떨어져 있어요. 또 파란불이 켜졌더라도 차가 확실히 멈췄는지 확인한 다음 건너요.
- 겨울에 털모자, 털목도리, 귀마개를 하면 차가 오는 소리를 듣지 못할 수 있으니 주의해요.
- 주머니에 손을 넣지 말고 걸어요.

# 안전왕에게 물어봐!

눈이나 비가 올 때 왜 밝은색 옷을 입어야 해요?

눈이나 비가 올 때는 날이 어둑어둑하므로 노란색이나 하늘색 같은 밝은색 옷을 입어야 운전자가 잘 볼 수 있어. 흐린 날 어두운 색 옷을 입으면 운전자의 눈에 잘 띄지 않아 사고가 날 수 있단다.

눈이나 비가 올 때는 왜 주머니에 손을 넣고 걸으면 안 돼요?

주머니에 손을 넣고 걸으면 쉽게 균형을 잃어 크게 넘어질 수 있어. 특히 눈이나 비가 와 길이 미끄러울 때는 아주 위험하지. 길을 걸을 때뿐만 아니라 계단을 걸을 때도 마찬가지란다.

눈이나 비가 올 때는 왜 차에서 멀리 떨어져 걸어야 해요?

눈이나 비가 올 때는 길이 미끄럽고 물이 고인 곳이 많아서 차가 조금만 속도를 내도 물이 튈 수 있어. 그러니 되도록 차에서 멀리 떨어져 걷는 게 안전하지.

# 퀴즈로 알아보는 안전 상식

길을 걸을 때는 어떻게 해야 할까요? 다음 중 옳은 행동에 ○, 옳지 않은 행동에 ✕ 표시를 하세요.

❶ 눈이나 비가 올 때는 우산을 낮게 푹 숙여 쓴다. ( )

❷ 눈이나 비가 올 때는 되도록 차에 가까이 붙어서 걷는다. ( )

❸ 눈이나 비가 올 때는 주머니에 손을 넣고 걷지 않는다. ( )

❹ 눈이나 비가 올 때는 밝은색 옷을 입는다. ( )

❺ 눈이나 비가 올 때는 신호등이 파란불로 바뀌어도 차가 멈춘 것을 확인하고 건넌다. ( )

정답은 165쪽에 있어요!

어두운 밤에도 밝은색 옷을 입어요

캄캄한 밤에 어두운색 옷을 입고 지나가면 운전자가 알아보지 못할 수 있어요. 그러므로 밝은색 옷을 입거나, 가방이나 옷에 반사체 스티커, 야광 스티커 등을 붙이면 운전자의 눈에 잘 띄어 교통사고를 예방할 수 있어요.

3 횡단보도는 어떻게 건널까요?

횡단보도를 건널 때는 이렇게 해요!

- 횡단보도에서는 반드시 파란불일 때 건너요.
- 파란불이 들어와도 바로 건너지 말고 양쪽을 살펴서 차들이 멈춘 것을 확인한 뒤에 건너요.
- 화살표 표시가 있는 횡단보도 오른쪽에 서 있다가 건너요.
- 파란불이 깜빡일 때 무리하게 건너지 말고 다음 신호를 기다려요.
- 신호등이 없는 횡단보도에서는 손을 높이 들고 좌우를 잘 살피며 걸어요. 만일 차가 다가오면 그 차가 지나간 다음에 건너요.

# 안전왕에게 물어봐!

횡단보도를 건널 때 왜 손을 번쩍 들어야 하나요?
아이들은 몸집이 작기 때문에 운전자가 보지 못할 수 있어. 그래서 손을 번쩍 들어 "내가 여기 있어요!"라고 알리는 거야.

파란불로 바뀌었는데 왜 잠깐 멈추었다가 가야 하나요?
보행 신호인 파란불이 켜졌더라도 신호를 위반하는 운전자들이 있어. 그러니 마음속으로 하나, 둘, 셋을 센 다음 차가 완전히 멈춘 것을 확인하고 건너는 것이 좋아. 또 갑자기 자전거나 오토바이가 튀어나올 수 있으니 뛰거나 장난치지 말고 조심조심 건너야 한단다.

자동차가 나보다 빠르다고요?
자동차가 멀리 있어서 빨리 뛰면 충분히 길을 건널 수 있을 것 같다고? 자동차는 사람보다 훨씬 빠르단다. 아무리 멀리 있어도 어느새 가까이 오지. 그러니 차가 멀리 있는 것 같아도 바로 뛰어서 건너지 말고 차가 지나가기를 기다렸다가 건너야 해.

퀴즈로 알아보는 안전 상식

횡단보도를 건널 때는 어떻게 해야 할까요? 다음 중 옳은 행동에 ○, 옳지 않은 행동에 ✕ 표시를 하세요.

❶ 파란불이 켜지면 손을 번쩍 들고 건넌다. ( )

❷ 파란불이 깜빡일 때는 건너지 않는다. ( )

❸ 멀리서 차가 오면 빨리 뛰어가도 된다. ( )

❹ 화살표가 있는 횡단보도 오른쪽에 서 있다가 건넌다. ( )

❺ 신호등이 없는 횡단보도에서는 차가 알아서 멈추기 때문에 자유롭게 건너도 된다. ( )

정답은 165쪽에 있어요!

교통사고를 당했을 때는 이렇게 해요!

혼자 있을 때 교통사고를 당했다면 사고를 입힌 사람의 이름, 전화번호, 주소를 알아 두어요. 그리고 주변 어른들에게 알려서 소방서(119)와 경찰서(112)에 신고하고, 아무리 가벼운 사고라도 병원에 가서 진찰을 받아요. 다른 사람이 사고 당한 것을 보았을 때도 마찬가지로 침착하게 주변 어른들에게 알려서 소방서(119)와 경찰서(112)에 신고해요. 신고할 때는 사고가 일어난 장소와 부상자 수, 얼마나 다쳤는지 등을 조리 있게 설명해요.

소방서는 119!
경찰서는 112!

4 버스를 탈 땐 어떻게 해요?

버스를 탈 때는 이렇게 해요!

- 인도에 줄을 서서 기다리다 버스가 완전히 멈추면 앞사람을 밀지 말고 차례대로 천천히 타요.

- 앞문으로 타서 뒷문으로 내려요.

- 버스가 움직일 때는 자리에 앉아 있어요. 자리가 없으면 손잡이를 꼭 잡고 서 있어요.

- 버스 안에서는 다른 사람에게 피해를 줄 수 있으니 큰 소리로 떠들거나 장난치지 않아요.

- 버스가 완전히 멈추었을 때 자리에서 일어나 내려요. 내리기 전에 오토바이나 자전거가 지나가지 않는지 확인해요.

 ## 안전왕에게 물어봐!

대중교통이 뭐예요?
대중교통은 많은 사람들이 함께 이용하는 교통수단이야. 노선이나 요금도 정해져 있지. 버스, 지하철, 기차가 대표적인 대중교통이란다. 차가 없는 사람도 대중교통을 이용하면 편리하게 이동할 수 있어.

버스 안에서 창문을 열고 손이나 얼굴을 내밀면 왜 안 되나요?
버스는 매우 빠른 속도로 달리기 때문에 창문을 열고 손이나 얼굴을 내밀면 가로수나 지나가는 차에 부딪쳐 크게 다칠 수 있단다.

버스가 달릴 때 일어나면 안 되나요?
버스가 달릴 때 자리에서 일어나 움직이거나 의자 위에 올라가면 안 돼. 몸의 중심을 잡지 못하고 넘어져 큰 사고로 이어질 수 있거든. 또 사람이 많은 버스에서 돌아다니면 다른 사람에게 피해를 줄 수 있으니 자리에 앉아 있는 게 좋아. 자리가 없어 서 있어야 한다면 손잡이를 꼭 잡도록 해. 버스가 갑자기 정차할 때 넘어지지 않도록 말이야.

버스에서 내린 뒤 버스 뒤쪽으로 가면 안 되나요?
버스는 크기 때문에 운전사가 뒤쪽에 사람이 있는 걸 모르고 후진할 수 있어. 아이들은 체구가 작아서 더 잘 안 보이지. 자칫하면 큰 사고로 이어질 수 있으니 버스가 출발한 뒤에 움직이는 게 안전하단다.

퀴즈로 알아보는 안전 상식

버스를 탈 때는 어떻게 해야 할까요? 다음 중 옳은 행동에 ○, 옳지 않은 행동에 ╳ 표시를 하세요.

❶ 버스 문이 열릴 때까지 기다렸다가 차례차례 줄을 서서 탄다. ( )

❷ 버스를 탈 때 버스가 멈춰 서기 전에는 함부로 달려들지 않는다. ( )

❸ 버스 안에 사람이 많지 않으면 큰 소리로 떠들고 장난쳐도 된다. ( )

❹ 버스가 달릴 때는 움직이면 안 된다. ( )

❺ 버스에서 내리기 전에 오토바이나 자전거가 지나가는지 좌우를 살핀다. ( )

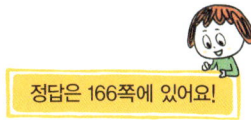
정답은 166쪽에 있어요!

버스에 불이 나거나 갇혔을 때는?

통학 버스를 타고 가다가 혼자 버스에 갇히면 어떻게 해야 할까요? 창문을 열어 자신이 차 안에 있다는 사실을 알리고 어른들에게 도움을 청해요. 창문을 열 수 없으면 앞자리로 가서 경적을 울려 갇힌 사실을 알려요. 경적은 힘을 줘 세게 눌러야 소리가 나요.
만약 버스에 갇혔는데 불이 났다면 차 안에 있는 비상용 망치로 창문을 깨고 탈출해야 해요.

혼자 있다고 무서워하지 말고 침착하게 대응하렴!

5 지하철을 탈 때도 조심해요!

지하철을 탈 때는 이렇게 해요!

- 지하철역에서는 우측통행을 해요. 그래야 사람들과 부딪치지 않고 안전하게 이용할 수 있어요.

- 에스컬레이터를 이용할 때는 걷거나 뛰지 말고 노란 안전선 안에 서서 손잡이를 꼭 잡아요.

- 노란 안전선 뒤에서 지하철을 기다려요.

- 지하철을 탈 때는 승객이 내린 후에 타요.

- 지하철을 탈 때는 지하철과 승강장 틈 사이로 발이 빠지지 않도록 주의해요.

 ## 안전왕에게 물어봐!

스크린 도어가 있는 역과 없는 역에서 각각 어떻게 행동해야 하나요?

스크린 도어가 있는 역에서 지하철을 기다릴 때 스크린 도어에 기대면 안 돼. 자칫하면 문이 열려 추락할 수 있거든. 스크린 도어가 없는 역에서는 더더욱 노란 안전선 뒤에서 기다려야 한단다.

문이 닫히려고 할 때 뛰어들면 왜 안 되나요?

지하철 문에 끼일 수 있기 때문이야. 간혹 지하철 자동문의 센서가 문 사이에 낀 물체를 인식하지 못해 그대로 출발하는 경우가 있거든. 정말 위험하겠지? 그러니 문이 닫히려고 할 때는 절대 뛰어들지 말고 다음 열차를 기다리렴.

지하철 문에 기대면 안 된다고요?

물론이야. 지하철 문이 갑자기 열리면 중심을 잃고 넘어져 크게 다칠 수 있어.

지하철에서는 손잡이를 잡을 필요가 없지요?

지하철도 버스와 마찬가지로 갑자기 정차할 때가 있어. 그러니 손잡이를 꼭 잡고 서 있어야 해. 손잡이에 손이 닿지 않으면 기둥을 잡아도 돼.

퀴즈로 알아보는 안전 상식

지하철을 탈 때는 어떻게 해야 할까요? 다음 중 옳은 행동에 ○, 옳지 않은 행동에 ✕ 표시를 하세요.

❶ 에스컬레이터는 튼튼하니 마구 뛰어도 된다. ( )

❷ 문이 닫히려고 할 때 재빨리 뛰어 들어가도 안전하다. ( )

❸ 지하철 문에 기대면 안 된다. ( )

❹ 스크린 도어에는 기대도 된다. ( )

❺ 지하철을 기다릴 때는 노란 안전선 뒤에 서 있어야 한다. ( )

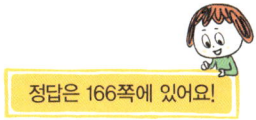

정답은 166쪽에 있어요!

지하철을 타고 내릴 때도 순서가 있다고요?

물론 급한 사람이 먼저 타거나 내릴 수 있어요. 하지만 사람들이 붐비는 시간에는 급한 마음에 서로 먼저 타고 내리려다가 사고를 당할 수 있어요. 그래서 내릴 사람이 먼저 내리고 탈 사람이 타도록 규칙을 정했답니다.

6 교통안전 표지판을 익혀요!

교통안전 표지판은 사고를 대비하거나 정해진 규칙을 알리기 위한 안내문이에요.

	종류	뜻		종류	뜻
지시표지	보행자 전용 도로	자동차는 다닐 수 없고 보행자만 다닐 수 있어요.	규제표지	보행자 보행 금지	사람이 걸어 다니면 안 되는 길이에요.
	횡단보도	보행자는 횡단보도를 이용해 길을 건너요.		자동차 통행금지	자동차가 다니면 안 되는 길이에요.
	어린이 보호	어린이가 많이 다니는 길이니 조심해요. 주로 어린이 보호 구역에 있어요.		자전거 통행금지	자전거가 다니면 안 되는 길이에요.
	자전거 전용 도로	자전거만 다닐 수 있어요.		진입 금지	자동차가 들어가면 안 돼요.
	자전거 및 보행자 전용 도로	자전거와 사람이 함께 다닐 수 있어요.	주의표지	도로 공사 중	도로가 공사 중임을 알리는 표지판이에요.
	버스 전용 차로	일반 자동차는 다닐 수 없고 버스만 다닐 수 있어요.		과속 방지 턱	앞쪽에 과속 방지 턱이 있음을 알리는 표지판이에요.

안전왕에게 물어봐!

학교 앞에도 교통안전 표지판이 있다고요?

학교 앞에는 어린이 보호 구역(스쿨존)을 알리는 표지판이 있어. 어린이 보호 구역은 어린이를 보호하기 위해 필요하다고 지정한 지역이야. 학교의 주된 출입문을 중심으로 반경 300m 이내의 도로 중 일정 구간인데, 이 구간에서는 자동차가 시속 30km 이내로 달려야 해. 또한 자동차가 속도를 줄이도록 방지 턱을 설치하고, 주차나 정차도 할 수 없도록 했단다.

표지판만 잘 알아도 교통안전을 지킬 수 있다고요?

교통안전 표지판은 자전거가 다니는 지역인지, 자동차가 다니는 지역인지, 사람이 걸어가도 되는 곳인지 알려 줘. 그러니 표지판을 익혀 두면 교통안전에 도움이 되겠지?

표지판의 색깔은 무엇을 의미하나요?

우선 파란색은 지시 표지야. 표지판의 내용대로 해야 한다는 뜻이지. 빨간색은 규제 표지로, 표지판의 내용을 하지 말라는 의미야. 노란색은 주의 표지야. 표지판의 내용을 주의하라는 의미란다.

퀴즈로 알아보는 안전 상식

다음 표지판의 이름을 선으로 이어 보세요.

　•　　　　　　　　　　• 보행자 전용 도로

　•　　　　　　　　　　• 과속 방지 턱

　•　　　　　　　　　　• 어린이 보호

　•　　　　　　　　　　• 자동차 통행금지

정답은 166쪽에 있어요!

7 자전거를 안전하게 타요!

자전거를 탈 때는 이렇게 해요!

- 자전거를 타기 전에 안전모와 보호 장갑, 무릎 보호대 같은 보호 장비를 착용해요.

- 자전거는 자전거 도로에서 타요.

- 차도에서 자전거를 탈 때는 차와 같은 방향으로 달려요.

- 자전거를 탔을 때도 교통 신호를 반드시 지켜요. 파란불이 되기 전에 길을 건너서는 안 돼요.

- 횡단보도를 건널 때는 자전거에서 내려 끌고 가요.

- 자전거에서 내릴 때는 자전거가 완전히 멈춘 뒤에 내려요.

- 아파트 안에서 자전거를 탈 때는 지나가는 사람이나 자동차와 부딪치지 않게 주위를 살피고, 빠르게 달리지 않도록 해요.

 ## 안전왕에게 물어봐!

자전거를 꼼꼼히 살핀 후에 타야 한다고요?

자전거를 타기 전에 먼저 핸들이 잘 움직이는지, 바퀴에 구멍 난 곳은 없는지, 브레이크는 잘 작동하는지, 체인은 빠지지 않았는지 등을 점검해야 사고를 막을 수 있어.

내 몸에 맞는 자전거를 타야 한다고요?

자신의 키에 맞는 자전거를 타야 자전거에 타거나 내릴 때, 또 페달을 밟을 때 위험하지 않아. 안장의 높이는 앉았을 때 발이 땅에 닿는 정도가 적당하단다.

아무 데서나 자전거를 타면 안 되나요?

차가 다니는 도로나 사람이 많은 혼잡한 곳에서 자전거를 타면 사고가 일어날 위험이 커. 자전거만 다니는 자전거 전용 도로에서 타는 게 가장 좋고, 자전거 전용 도로가 없다면 차량 통행이 없고, 오르막이나 내리막이 없는 평지에서 타는 것이 안전하단다.

 퀴즈로 알아보는 안전 상식

자전거를 탈 때는 어떻게 해야 할까요? 다음 중 옳은 행동에 ○, 옳지 않은 행동에 ✕ 표시를 하세요.

❶ 날씨가 더우면 안전모를 벗고 자전거를 타도 된다. ( )

❷ 어린이가 어른용 자전거를 타도 된다. ( )

❸ 횡단보도를 건널 때는 자전거에서 내려 끌고 간다. ( )

❹ 차도에서 자전거를 탈 때는 차와 반대 방향으로 달린다. ( )

❺ 자전거가 완전히 멈추기 전에 내려도 된다. ( )

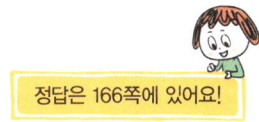
정답은 166쪽에 있어요!

자전거를 탈 때는 복장도 중요해요

자전거를 탈 때는 다른 사람의 눈에 잘 띄도록 밝은색 옷을 입는 게 좋아요. 통이 넓거나 길이가 긴 바지는 적당하지 않아요. 바퀴나 체인에 바짓단이 감겨 넘어질 수 있기 때문이지요. 또한 구두보다는 운동화를 신어요. 비가 오는 날 어쩔 수 없이 자전거를 타야 한다면 우산을 들고 타기보다 우비를 입고 타는 게 더 안전하답니다.

5장

생활 속에서 안전하려면?

1. 교실에서도 조심해요! ··· 110

2. 계단에서도 조심해요! ··· 114

3. 놀이터 안전 수칙을 지켜요! ··· 118

4. 에스컬레이터도 잘 타요! ··· 122

5. 마트에서도 조심해요! ··· 126

6. 집에서도 조심해요! ··· 130

7. 먹을 때도 조심해요! ··· 134

① 교실에서도 조심해요!

교실에서는 이렇게 해요!

- 학용품이나 교구 등을 들고 장난치거나 던지지 말아요. 특히 연필이나 가위, 칼은 더욱 주의해서 다뤄요.

- 뛰어다니지 말아요. 책상이나 의자에 걸려 넘어질 수 있어요.

- 출입문을 나서기 전에 멈추어 서서 누가 들어오는지 살펴요. 급하게 나가다가는 들어오는 친구와 부딪칠 수 있어요.

- 급식 시간에 포크를 들고 장난치지 말아요. 포크에 찔릴 수 있어요.

- 창틀에 올라가지 말아요. 아래로 떨어질 수 있어요.

- 창밖으로 물건을 던지지 말아요. 아무리 작은 물체라도 지나가는 사람이 맞으면 큰 충격을 받을 수 있어요.

111

안전왕에게 물어봐!

교실에서 조심해야 할 행동은 무엇인가요?
교실에서는 함부로 뛰면 안 돼. 책상이나 의자에 걸려 넘어지거나 친구와 부딪쳐 다칠 수 있어. 또 물건을 던지는 행동도 위험해. 아무리 작은 물건이라도 친구가 맞으면 크게 다칠 수 있어. 창문으로 드나들거나 의자에 앉으려는 친구 몰래 의자를 빼는 장난도 절대 해서는 안 된단다.

교실을 청소할 때 어떻게 행동해야 하나요?
빗자루나 물걸레 같은 청소 도구는 청소할 때만 사용해야 해. 빗자루를 휘두르며 칼싸움을 하거나, 장난을 치면 크게 다칠 수 있어. 또 혼자서 책상을 끌면 넘어지기 쉬우므로 친구들과 힘을 합쳐 옮기도록 해.

급식 시간에 조심해야 할 행동은 무엇인가요?
차례대로 줄을 서서 배식을 받고, 뜨거운 음식을 들고 이동할 때는 엎지르지 않도록 천천히 움직이렴. 뜨거운 음식이 튀어 델 수 있으니 음식을 먹을 때도 제자리에 앉아서 먹어야 한단다.

칼, 가위, 연필 같은 학용품은 어떻게 보관해야 하나요?
끝이 뾰족한 학용품을 잘못 간수하면 크게 다칠 수 있어. 연필꽂이 등에 학용품을 꽂아 둘 때에는 뾰족한 부분이 아래쪽을 향하게 해. 칼은 끝까지 내려 심이 튀어나오지 않도록 하고, 가위나 연필은 뾰족한 부분을 가릴 수 있는 집에 넣어 사용하는 게 좋아.

과학실에서는 어떤 것을 조심해야 하나요?
과학실에는 위험한 화학 용품이나 실험 도구가 많아서 더욱 주의를 기울여야 해. 선생님이 지시하는 대로 행동하고 함부로 실험 도구를 만지지 말렴.

# 퀴즈로 알아보는 안전 상식

교실에서 안전하게 지내려면 어떻게 해야 할까요? 다음 중 옳은 행동에 ◯, 옳지 않은 행동에 ✕ 표시를 하세요.

❶ 함부로 뛰지 않는다. ( )

❷ 급식 시간에는 차례대로 줄을 서서 배식을 받는다. ( )

❸ 청소할 때는 친구들이 많지 않으니 빗자루로 장난을 쳐도 된다. ( )

❹ 교실은 넓어서 술래잡기를 해도 된다. ( )

❺ 크기가 작은 학용품은 친구에게 던져도 문제없다. ( )

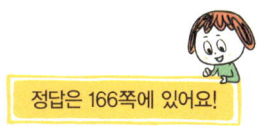
정답은 166쪽에 있어요!

복도에서는 우측통행을 해요!

인간의 90% 이상은 오른손잡이여서 오른쪽으로 움직이는 것이 편해요. 그래서 우리나라는 거의 모든 곳에서 우측통행을 해요. 학교에서도 복도나 계단을 오갈 때 오른쪽으로 다녀야 해요. 이렇게 모두 오른쪽으로 걸으면 좁은 곳에서도 부딪치지 않고 안전하게 다닐 수 있답니다.

우측통행은 교내뿐만 아니라 공항, 지하철역 등에서도 시행하고 있어.

② 계단에서도 조심해요!

계단을 오르내릴 때는 이렇게 해요!

- 계단을 두세 개씩 한꺼번에 오르내리거나, 한 발로 깡충깡충 뛰면 안 돼요.
- 사람이 많을 때 앞사람을 절대 밀지 말아요.
- 계단을 오르내릴 때 한눈팔면 넘어질 수 있으니 앞을 똑바로 보고 걸어요.
- 계단의 난간 위에서 미끄럼을 타면 안 돼요.
- 계단의 난간에 매달려서 아래를 내려다보지 말아요. 아래로 떨어져 크게 다칠 수 있어요.

안전왕에게 물어봐!

 주머니에 손을 넣은 채 계단을 올라가면 안 된다고요?
 주머니에 손을 넣고 계단을 걸으면 중심을 잃기 쉽단다. 그러니 계단에서는 항상 손을 빼고 걸어야 해.

 계단을 내려갈 때 꼭 난간을 잡아야 해요?
 계단을 내려갈 때는 미끄러지거나 넘어질 수 있으니 난간을 잡고 한 칸씩 내려가야 해. 계단은 사고가 많이 일어나는 곳이야. 그러니 절대 뛰거나 한눈팔아서는 안 되겠지?

 왜 앞 사람과 일정한 거리를 두고 계단을 오르내려야 해요?
 차를 운전할 때 앞차와 뒤차 사이에 일정한 간격을 유지해. 그래야 앞차가 갑자기 멈추거나 움직여도 부딪치지 않으니까. 계단을 오를 때도 마찬가지야. 앞사람과 부딪쳐 넘어질 수 있으므로 항상 일정한 간격을 유지해야 한단다.

 바퀴 달린 신발을 신고 계단을 오르내리면 안 되나요?
 물론이지! 미끄러져 넘어질 수 있거든. 자전거, 킥보드 등 바퀴 달린 기구를 타고 계단을 오르내리는 것도 아주 위험한 행동이야. 계단은 반드시 두 발로 조심조심 걸어다녀야 해.

 # 퀴즈로 알아보는 안전 상식

계단을 오르내릴 때 어떻게 해야 할까요? 다음 중 옳은 행동에 ○, 옳지 않은 행동에 ✕ 표시를 하세요.

❶ 계단에서는 함부로 뛰지 않는다. ( )

❷ 사람이 없으면 난간을 미끄럼틀 삼아 타고 내려와도 된다. ( )

❸ 계단에서는 항상 앞사람과 간격을 두고 걷는다. ( )

❹ 계단을 오르내릴 때는 주머니에 손을 넣어도 된다. ( )

❺ 계단을 내려올 때는 난간을 붙잡고 한 칸씩 내려온다. ( )

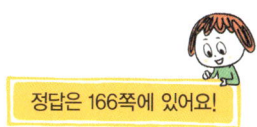
정답은 166쪽에 있어요!

계단에서 조심하지 않으면 큰 사고가 날 수 있어요!

통계에 따르면 어린이가 당하는 안전사고 가운데 계단에서 일어나는 사고가 30%나 된다고 해요. 그만큼 계단에서 사고가 많이 일어난다는 뜻이지요. 신발은 계단에서 일어나는 안전사고와 깊은 연관이 있어요. 슬리퍼나 굽이 높은 신발은 벗겨지거나 미끄러질 위험이 크니 걸을 때 더욱 주의해야 해요. 또 비 오는 날이나 물청소를 끝낸 뒤에는 물기로 인해 계단이 미끄러우니 더욱 천천히 걸어요.

  계단에서 슬리퍼를 신고 뛰면 절대 안 돼!

③ 놀이터 안전 수칙을 지켜요!

놀이 기구를 탈 때는 이렇게 해요!

그네
- 완전히 멈추면 타요. 내릴 때도 마찬가지예요.
- 다른 사람이 타고 있으면 앞뒤로 지나가지 않아요.
- 양손으로 줄을 꼭 잡고, 반드시 앉아서 타요. 서서 타면 위험해요.

미끄럼틀
- 미끄럼판으로 올라가지 말고 반드시 계단으로 올라가요.
- 앞을 보고 바르게 앉아 손잡이를 꼭 잡고 내려와요.

시소
- 손잡이를 꼭 잡고, 자리에 앉아서 타요.
- 내릴 때는 같이 타고 있는 친구에게 내린다고 말한 뒤 내려요.

철봉
- 키보다 너무 높은 철봉에 매달리지 않아요.
- 거꾸로 매달리지 않아요.

정글짐
- 정상에서 아무것도 잡지 않은 채 걷지 않아요.
- 높은 곳에 올라가 뛰어내리지 않아요.

안전왕에게 물어봐!

 놀이 기구를 탈 때 또 조심해야 할 게 있나요?

 무엇보다 친구들과 차례대로 놀이 기구를 이용해야 한단다. 질서를 지키는 것은 안전사고를 예방하는 첫걸음이니까. 또 놀이터에서 자전거나 롤러스케이트 등을 타는 것도 위험하다는 것을 잊지 말렴!

 놀이터에서는 다른 친구를 방해하면 안 된다고요?

 놀이터에서는 다른 어린이의 놀이 활동을 방해하면 안 돼. 그네를 타는 사람의 앞이나 뒤에 서 있다가 부딪치면 큰 사고가 날 수 있어. 미끄럼틀을 타는 친구를 가로막으면 서로 뒤엉켜 넘어질 수 있지. 장난으로 한 행동이 큰 사고로 이어질 수 있으니 조심해야 한단다.

 모래 놀이를 할 때 무엇을 조심해야 하나요?

 모래가 눈에 들어가면 다칠 수 있으니 모래를 함부로 던지면 안 돼. 또 모래를 너무 깊이 파 놓아도 위험해. 다른 사람이 모르고 밟으면 구덩이에 빠져 넘어질 수 있으니까.

# 퀴즈로 알아보는 안전 상식

놀이터를 안전하게 이용하려면 어떻게 해야 할까요? 다음 중 옳은 행동에 ○, 옳지 않은 행동에 × 표시를 하세요.

❶ 놀이터에서 놀이 기구를 타고 있는 친구를 방해해도 된다. ( )

❷ 서로에게 모래를 뿌리고 던지며 모래 장난을 해도 된다. ( )

❸ 놀이 기구를 탈 때는 항상 조심해야 한다. ( )

❹ 다른 사람이 그네를 타고 있으면 뒤에 줄을 서서 기다린다. ( )

❺ 천천히 가면 계단 대신 미끄럼판으로 올라가도 괜찮다. ( )

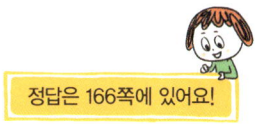
정답은 166쪽에 있어요!

고장 난 놀이 기구가 있다면?

놀이터의 놀이 기구는 많은 사람이 이용하기 때문에 고장 날 수 있어요. 줄이 끊어졌거나, 녹슬어 갈라졌거나 부서진 놀이 기구는 이용하지 말아야 해요. 자칫 큰 사고로 이어질 수 있기 때문이지요. 그리고 주위 어른이나 놀이터를 관리하는 분에게 고장 난 사실을 알려요. 옷이나 몸이 걸릴 만큼 시설물의 자재가 튀어나온 곳이 있다면 이 부분도 어른들에게 알려 고치도록 해요.

 고장 난 놀이 기구를 방치하면 다른 친구가 다칠 수도 있어!

4 에스컬레이터도 잘 타요!

에스컬레이터와 엘리베이터를 탈 때는 이렇게 해요!

- 에스컬레이터는 어른과 함께 타요.
- 에스컬레이터를 탈 때는 앞사람과 한 칸 정도 간격을 두고 노란색 안전선 안쪽에 서요.
- 에스컬레이터 운행 방향과 반대로 걸으면 안 돼요.
- 손잡이를 꼭 잡고, 손잡이 바깥으로 몸을 내밀지 않아요.
- 엘리베이터는 정원˚에 맞게 타요. 또 문이 닫힐 때 뛰어들면 위험해요.
- 엘리베이터 안에서는 뛰거나 발을 구르지 않아요.

정원 일정한 규칙에 의해 정한 인원.

안전왕에게 물어봐!

 에스컬레이터를 탈 때 지켜야 할 세 가지 규칙이 있다고요?
 손잡이 잡기, 걷거나 뛰지 않기, 안전선 안에 탑승하기. 이 세 가지는 반드시 지켜야 하는 규칙이니 잊지 말도록 해.

 에스컬레이터에 쓰레기를 버리면 안 된다고요?
 쓰레기가 떨어지면 디딤판 틈새에 끼어서 에스컬레이터를 고장 낼 수 있어. 기계가 고장 나면 누군가 다칠 수 있고, 수리하는 데 시간이 걸려서 사람들이 불편을 겪겠지? 그러니 에스컬레이터에 쓰레기를 함부로 버리면 안 된단다.

 엘리베이터가 갑자기 멈춰 서면 어떻게 해야 하나요?
 엘리베이터에는 비상 버튼이 있어. 비상 버튼을 누르고 어떤 상황인지 이야기한 다음 지시에 따라야 해. 이때 억지로 문을 열어서 탈출하려고 하면 안 돼. 엘리베이터가 층과 층 사이에서 멈췄을 때는 문을 열면 더 위험하기 때문에 마음을 차분히 가라앉히고 얌전히 구조대의 지시에 따라 움직여야 해.

퀴즈로 알아보는 안전 상식

에스컬레이터나 엘리베이터를 탈 때는 어떻게 해야 할까요? 다음 중 옳은 행동에 ○, 옳지 않은 행동에 ✕ 표시를 하세요.

❶ 급할 때는 에스컬레이터가 운행되는 방향과 반대로 걸어가도 된다. ( )

❷ 엘리베이터는 튼튼하니 발을 쾅쾅 구르며 뛰어도 된다. ( )

❸ 에스컬레이터에서는 안전선 안에 서서 목적지에 도착할 때까지 기다린다. ( )

❹ 손잡이를 잡지 않고 서 있어도 된다. ( )

❺ 물건이나 옷이 낄 일이 없으므로 조심하지 않아도 된다. ( )

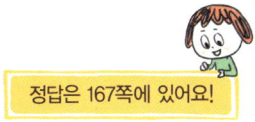

정답은 167쪽에 있어요!

노란색 안전선을 지켜요!

에스컬레이터를 타면 칸마다 가장자리에 노란색 선이 그어져 있어요. 이 선을 '안전선'이라고 해요. 에스컬레이터를 타면 그 선 안에 서 있어야 해요. 안전선을 벗어나면 디딤판 틈새에 신발이나 옷자락이 낄 수 있답니다. 또 비가 오는 날에는 디딤판이 미끄러워 넘어지기 쉬우니 걷거나 뛰지 말고 서서 가는 것이 좋아요.

5 마트에서도 조심해요!

마트에서는 이렇게 해요!

- 카트에 탄 채로 일어나거나 카트에 매달린 채 움직이면 안 돼요. 카트에서 떨어져 크게 다칠 수 있어요.

- 카트에 탄 채로 팔이나 다리를 밖으로 뻗어서는 안 돼요.

- 어린이가 직접 카트를 끌면 다칠 수 있으니 되도록 혼자서 카트를 끌지 않도록 해요.

- 뛰어다니면 안 돼요. 물건이나 사람과 부딪쳐 다칠 수 있어요.

- 물건을 함부로 만지면 안 돼요. 와르르 쏟아질 수 있어요.

 ## 안전왕에게 물어봐!

카트에 탈 수 있는 몸무게가 정해져 있다고요?
몸무게가 15kg이 넘는 어린이가 카트에 타면 카트가 쓰러지거나 바퀴에 이상이 생길 수 있어. 또 동생이나 친구와 한 카트에 타고 장난을 치면 떨어질 수 있어서 무척 위험하단다.

마트의 자동문에 손발이 끼어서 다치는 경우가 있다고요?
마트에서는 자동문을 조심해야 해. 자동문을 이용할 때는 문이 완전히 열린 것을 확인한 뒤 들어가렴. 이때 앞사람과 부딪히지 않도록 조심해야겠지?

무빙워크에서 뛰면 안 되나요?
무빙워크는 자동으로 움직이는 길이야. 신기하다고 뛰어다니면 중심을 잃고 쓰러질 수 있으니 반드시 손잡이를 잡고 가만히 서 있어야 해. 앞사람의 카트가 밀리는 등 돌발 사고가 일어날 수도 있으므로 되도록 어른과 함께 타는 게 좋아. 또 에스컬레이터에서처럼 신발이나 옷이 틈에 끼지 않도록 조심해야 한단다.

퀴즈로 알아보는 안전 상식

마트에서 안전하게 장을 보려면 어떻게 해야 할까요? 다음 중 옳은 행동에 ○, 옳지 않은 행동에 ✕ 표시를 하세요.

❶ 카트에 매달려 놀아도 된다. ( )

❷ 무빙워크에서 뛰어도 된다. ( )

❸ 자동문이 완전히 열릴 때까지 기다렸다가 지나간다. ( )

❹ 선반 위의 물건을 함부로 만지면 안 된다. ( )

❺ 마트 안에서는 뛰어다니지 않고 다른 사람과 부딪치지 않도록 조심한다. ( )

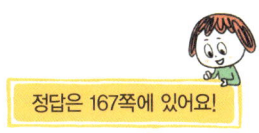
정답은 167쪽에 있어요!

카트의 짐칸에 타면 안 돼요!

카트의 어린이 의자에는 15kg 미만 영·유아만 태울 수 있어요. 어린이 의자에 앉을 때는 반드시 안전띠를 매야 하지요. 가끔 의자가 아닌 짐칸에 타는 어린이가 있는데 짐칸은 이동 중에 크게 흔들리고 다른 카트와 부딪칠 경우 충격도 많이 받기 때문에 위험하답니다. 그러므로 짐칸에는 타면 안 돼요.

6 집에서도 조심해요!

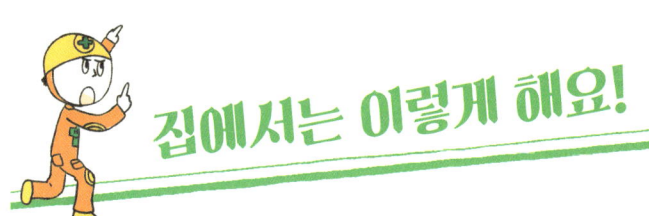

집에서는 이렇게 해요!

- 소파, 테이블 등의 가구 모서리에 부딪칠 수 있으므로 모서리마다 보호 장치를 붙여요.

- 선풍기에 손이 낄 수 있으니 안전망을 씌워요.

- 작동 중인 밥솥에 얼굴을 가까이 대지 않아요. 수증기로 인해 화상을 입을 수 있어요.

- 정수기를 사용하다 뜨거운 물에 화상을 입을 수 있어요. 온수를 사용할 때는 어른의 도움을 받아요.

- 화장실에서는 물기에 미끄러질 수 있으니 미끄럼 방지용 신발을 신어요.

# 안전왕에게 물어봐!

 집에서도 안전사고가 일어난다고요?

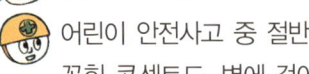 어린이 안전사고 중 절반 이상이 집에서 발생한다는 통계가 있단다. 여러 개의 전선이 꽂힌 콘센트도, 벽에 걸어 둔 액자도 안전사고를 일으킬 수 있지. 언제 어떤 사고가 발생할지 모르니 늘 조심하렴.

 주방도 위험한가요?

 가열된 냄비나 프라이팬, 밥솥에서 나오는 뜨거운 수증기, 식탁에 올려 둔 뜨거운 음식 등 주방에서는 불과 관련한 사고가 일어날 수 있어. 가스레인지나 전기 포트 같은 기구들도 위험하니 늘 조심해서 다루어야 한단다.

 문을 닫을 때도 사고가 날 수 있다고요?

문틈 사이에 손가락이 끼어 다치는 경우도 있고, 팔을 넣는 장난을 치다가 다칠 수도 있어. 또 자동으로 닫히는 문도 잠깐 방심하면 끼일 수 있으니 주의를 기울여야 해.

퀴즈로 알아보는 안전 상식

집에서는 어떤 것을 조심해야 할까요? 다음 중 옳은 행동에 ○, 옳지 않은 행동에 ╳ 표시를 하세요.

❶ 뾰족한 가구 모서리를 조심한다. ( )

❷ 밥솥의 수증기는 별로 뜨겁지 않으니 얼굴이나 손을 가져다 대도 괜찮다. ( )

❸ 문틈에 손이 끼지 않도록 조심한다. ( )

❹ 주방에서는 사고가 일어날 리 없으니 안심한다. ( )

❺ 화장실에서 미끄러질 수 있으니 미끄럼 방지용 슬리퍼를 신는다. ( )

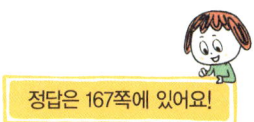
정답은 167쪽에 있어요!

욕실에서 감전 사고가 일어날 수 있어요!

욕실의 전기 콘센트는 안전 덮개를 씌우고, 덮개를 늘 닫아 두어야 해요. 물이 튀면 큰 사고로 이어질 수 있기 때문이지요. 또 물이 묻은 손으로 욕실의 콘센트를 만지면 감전 사고가 일어날 수 있으니 젖은 손으로는 절대 콘센트를 만지지 말아요.

젖은 손으로는 만지지 말기!

7 먹을 때도 조심해요!

음식을 먹을 때는 이렇게 해요!

- 음식을 먹기 전에 손을 깨끗하게 씻어요. 손만 잘 씻어도 나쁜 세균이 몸속에 들어오는 것을 막을 수 있어요.

- 밥을 안 먹고 과자만 먹으면 안 돼요. 음식을 골고루 먹어야 건강을 지킬 수 있어요.

- 음식은 제자리에 앉아서 꼭꼭 씹어 먹어요. 누워서 먹거나 돌아다니면서 먹다가 잘못 삼키면 큰일 날 수 있어요.

- 불량 식품을 먹지 않아요. 불량 식품에는 우리 몸에 안 좋은 성분이 많이 들어 있어요.

- 음식을 먹기 전에 유통 기한을 확인해요. 유통 기한이 지난 음식을 먹으면 탈이 날 수 있어요.

안전왕에게 물어봐!

 불량 식품에는 어떤 것이 있나요?
 '~맛', '~향'이라고 쓰여 있거나, 색깔이 지나치게 알록달록한 음식은 되도록 먹지 않는 게 좋아. 강한 색소나 향을 내는 물질 등 인체에 유해한 식품 첨가물이 들었을 수 있거든.

 떡이나 젤리, 캐러멜 같은 것은 목에 걸릴 수 있다고요?
 캐러멜, 사탕, 떡, 젤리 같은 음식을 누워서 먹거나 장난치며 먹으면 자칫 목에 걸려서 숨을 쉬지 못할 수 있어. 그러니 제자리에 앉아서 조금씩 천천히 먹어야 한단다.

 안전한 식품을 알아볼 수 있는 방법이 있나요?
 안전한 식품은 어린이에게 필요한 영양 성분이 골고루 들어 있는 식품으로, 나라에서 인증을 한단다. '어린이 기호 식품 품질 인증' 마크가 있으면 안심하고 먹어도 돼.

어린이 기호 식품
품질 인증 마크

# 생활 속 알찬 안전 상식

손을 씻을 때는 비누로 30초 이상 씻어야 해요. 올바른 손 씻기 방법을 알아보고, 순서대로 따라해 봐요.

1. 손바닥과 손바닥을 마주 대고 문질러 거품을 냅니다.

2. 손바닥을 마주 대고 손깍지를 끼고 문지릅니다.

3. 손바닥과 손등을 마주 대고 문지릅니다.

4. 손가락을 반대편 손바닥에 대고 문지릅니다.

5. 다른 편 손바닥으로 엄지손가락을 문지릅니다.

6. 손가락을 반대편 손바닥에 올려 놓고 문질러 손톱 밑의 때를 없앱니다.

코로나바이러스감염증-19(COVID-19), 이렇게 예방하세요!

2019년 12월에 중국 우한에서 열이 나고, 목이 아프고, 기침과 설사가 나며, 폐렴을 일으키는 코로나바이러스감염증-19가 발생했어요. 전염력이 매우 강해 세 달도 안 되어 전 세계로 퍼졌고 많은 사람이 죽었지요. 이처럼 전염병이 발생했을 때 예방을 철저히 해야 해요.

- 외출 후, 손을 비누로 30초 이상 꼼꼼히 씻어요. 손이 닿는 물건도 자주 소독해요.
- 씻지 않은 손으로 눈, 코, 입을 만지지 말고, 손톱을 물어뜯거나 손가락을 빨지 마세요.
- 가급적 외출하지 말고 사람들과 2m 이상 거리를 유지하는 생활을 해요.
- 사람이 많이 모이는 곳에 가야 할 때는 반드시 마스크를 쓰세요.
- 마스크가 없을 때는 옷소매에 대고 기침이나 재채기를 해요.

6장

응급 상황에서 안전하려면?

1. 응급 처치는 이렇게 해요! ··· 140

2. 숨을 쉬지 않아요! ··· 144

3. 구급상자를 갖춰요! ··· 148

4. 비상구를 알아 두어요! ··· 152

5. 화상을 입었어요! ··· 156

6. 공사 현장을 지나갈 때 조심해요! ··· 160

① 응급 처치는 이렇게 해요!

응급 처치는 이렇게 해요!

- 코피가 날 때는 머리를 앞으로 숙이고, 콧등을 엄지와 검지로 세게 눌러요.

- 눈에 이물질이 들어갔을 때는 아래쪽 눈꺼풀을 앞으로 당겨 이물질을 확인하고 빼내거나, 세면대에 깨끗한 물을 받아 얼굴을 담그고 눈을 깜빡이며 씻어 내요. 절대로 눈을 비비거나 만지지 말아야 해요.

- 칼이나 유리에 베었을 때는 피가 나는 부위를 심장보다 높이 들고 피가 멎을 때까지 기다려요. 또는 다친 부위를 깨끗한 천이나 손수건 등으로 꽉 눌러 지혈해요. 피가 멈추면 소독을 하고 약을 발라요.

- 강아지 등 동물에 물렸을 때는 상처를 흐르는 물에 깨끗이 씻고 병원에 가요. 특히 강아지에게 물리면 광견병 전염 위험이 있으니 꼭 병원에 가서 백신 접종을 해요.

안전왕에게 물어봐!

 손에 이물질이 박히면 어떻게 해야 하나요?

박힌 이물질을 억지로 빼내면 피가 많이 나고, 상처가 덧날 수 있어. 그러니 그대로 병원에 가서 치료를 받는 것이 좋단다.

 코피가 자주 나면 병원에 가야 하나요?

코피가 자주 나면 우리 몸에 이상이 있다는 뜻이야. 부모님께 자세히 말씀드리고 꼭 병원에 가서 진찰을 받도록 해.

 이가 빠졌을 때는 어떻게 해야 하나요?

젖니가 빠졌을 경우에는 이가 빠진 자리를 지혈하면 돼. 하지만 영구치가 빠졌다면 빠진 이를 물이나 우유에 씻어 가까운 병원에 가져가 치료를 받아야 해. 단, 이때 치아의 뿌리 부분은 절대로 만지면 안 된단다.

퀴즈로 알아보는 안전 상식

응급 처치는 어떻게 해야 할까요? 다음 중 옳은 행동에 ○, 옳지 않은 행동에 ✕ 표시를 하세요.

❶ 코피가 나면 고개를 뒤로 젖히고 피가 멎을 때까지 기다린다. ( )

❷ 손에 이물질이 박히면 바로 빼낸다. ( )

❸ 피가 나면 깨끗한 천으로 닦는다. ( )

❹ 칼이나 유리처럼 날카로운 물건에 베이면 손을 심장 위치보다 높이 들고 피가 멈추기를 기다린다. ( )

❺ 눈에 이물질이 들어가면 세게 비벼서 빼낸다. ( )

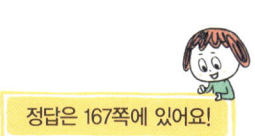

정답은 167쪽에 있어요!

갑자기 어지러울 때는 이렇게 해요!

갑자기 어지러울 때는 바닥에 위험한 물건이 없는지 먼저 살펴요. 뾰족하거나 단단한 물체 위로 쓰러지면 크게 다칠 수 있으니까요. 또 의식을 잃기 전에 다른 사람에게 119에 신고해 달라고 도움을 청해요.

② 숨을 쉬지 않아요!

숨을 쉬지 않을 때는 이렇게 해요!

- "여보세요, 괜찮으세요?"라고 물어, 쓰러진 사람이 의식이 있는지 확인해요.

- 만약 반응이 없다면 119에 전화를 걸어 상황을 설명하고, 119 대원의 지시에 따라 심폐 소생술을 진행해요.

- 5분 이상 숨을 쉬지 않으면 뇌가 손상될 수 있으니 재빠르게 심폐 소생술 등 응급 조치를 해요.

- 손가락이 갈비뼈에 닿지 않도록 손바닥을 양쪽 젖꼭지 사이에 놓고, 다른 한 손으로 깍지를 끼듯 감싸요. 손바닥 뒷부분으로 가슴을 압박해 심폐 소생술을 해요.

- 가슴을 압박할 때는 5cm 깊이로(8세 이상 기준) 30회 정도 압박하고 10초쯤 멈추기를 5회 정도 반복하다 다른 사람과 교대해요. 이 과정을 구급대원이 올 때까지 반복해요.

# 안전왕에게 물어봐!

 심폐 소생술은 숨을 쉬지 않을 때 하는 건가요?

 쓰러진 환자가 숨을 쉬지 않거나 숨 쉬는 것을 힘들어한다면 심장에 문제가 생긴 거야. 이럴 때 하는 응급 처치가 바로 심폐 소생술이지. 심폐 소생술은 환자가 다시 숨을 쉬도록 도움을 주는 처치란다.

 심폐 소생술이 왜 필요한가요?

 숨을 쉬지 않은 채로 5분이 지나면 살아날 확률이 반으로 줄어든다고 해. 그런데 사람이 쓰러지고 바로 119에 신고해도 출동하기까지 적어도 5~7분은 걸려. 그러니까 쓰러진 즉시 심폐 소생술을 한다면 살아날 확률이 높아지지. 물론 심폐 소생술을 하기 전에 119에 신고부터 해야 해. 심폐 소생술은 어디까지나 응급 처치일 뿐이거든.

 인공호흡은 어떻게 하는 거예요?

 먼저 환자의 머리를 젖히고, 턱을 들어 올려 환자가 숨을 쉬기 편하게 자세를 잡아. 그런 다음 엄지와 검지로 환자의 코를 잡아서 막고, 입을 크게 벌려 환자의 입을 완전히 막은 뒤 '후!' 하고 숨을 불어넣어. 그러나 함부로 인공호흡을 하면 환자가 더 위험해질 수 있어. 그러니 우선 119에 전화해서 구급대원의 지시를 따라야 해.

생활 속 알찬 안전 상식

심폐 소생술을 어떻게 해야 하는지 알아볼까요?

"머리를 묶은 여자 분, 119에 신고해 주시기 바랍니다! 현재 숨을 쉬지 않은 지 1분이 지났고, 의식도 없어요!"

"네!"

1. 의식이 있는지 확인해요.

2. 주변 사람에게 신고해 달라고 요청해요. 요청할 때는 한 사람을 정확히 지정하고 현재 상태도 분명하게 설명해요.

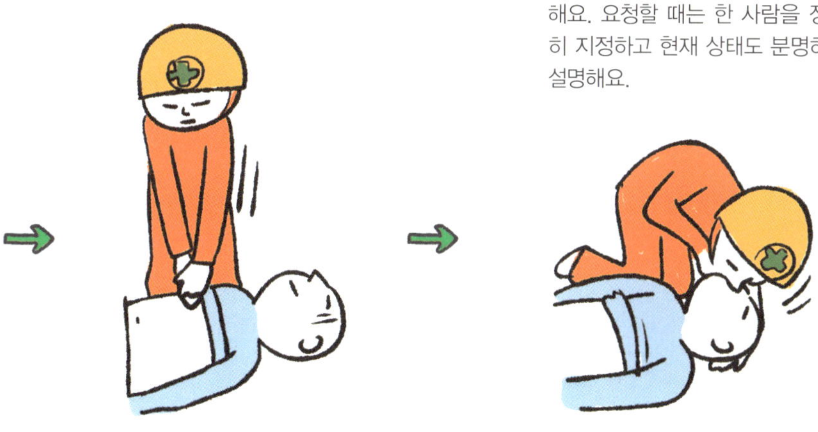

3. 119 구조대원의 지시에 따라 가슴을 압박해요.

4. 목을 뒤로 젖혀 기도를 열고 인공호흡을 해요.

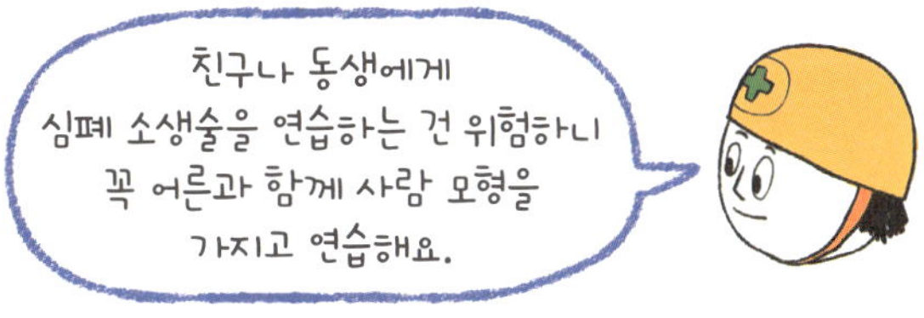

"친구나 동생에게 심폐 소생술을 연습하는 건 위험하니 꼭 어른과 함께 사람 모형을 가지고 연습해요."

③ 구급상자를 갖춰요!

구급상자에 갖춰 두어야 하는 약품을 살펴봐요!

- 구급상자 안에는 거즈, 탈지면, 붕대, 가위, 핀셋, 진통제, 완화제, 연고, 소독액, 지혈제 등을 갖추어야 해요.

- 거즈와 탈지면, 붕대, 가위, 핀셋은 상처를 감싸는 데 필요한 약품이에요.

- 진통제와 완화제는 통증을 참을 수 있도록 도와줘요.

- 소독액은 상처가 덧나지 않도록 소독하는 데 쓰이는 약품이에요.

- 지혈제는 피를 멎게 하는 약품이에요.

- 구급상자는 습하지 않고 그늘진 곳에 보관해요.

- 1년에 한 번 정도 구급상자를 확인하여 사용 기한이 지난 약을 새것으로 바꿔요.

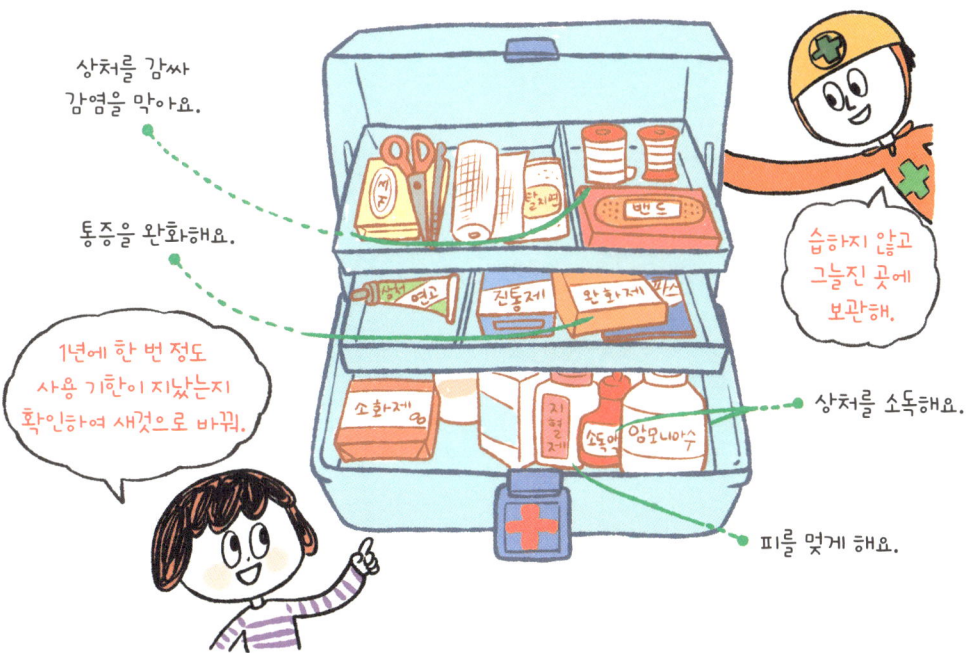

안전왕에게 물어봐!

 약에 세균이 번식한다고요?

사용 기한이 남았더라도 포장을 뜯어 공기에 노출되거나 높은 온도에서 보관하면 약효가 떨어지거나 변질될 수 있어. 또 금이 가거나 쪼개진 알약, 색이 변했거나 굳은 연고, 농도가 변한 시럽 등은 세균이 번식할 수 있으므로 사용 기한에 상관없이 버려야 한단다.

 구급상자는 언제 사용하나요?

구급상자는 병원에 갈 정도가 아닌 상처를 치료할 때 사용해. 평소 상처를 치료하는 데 필요한 최소한의 약을 한곳에 모아 준비해 두면 손쉽게 응급 처치를 할 수 있지.

 구급상자 속의 약을 함부로 먹어서는 안 된다고요?

구급상자에 들어 있는 약은 꼭 필요한 경우에만 먹어야 해. 제대로 된 처방 없이 함부로 약을 먹으면 다른 문제가 생길 수 있거든. 많이 아플 때는 병원에 가는 게 가장 좋아.

생활 속 알찬 안전 상식

다음은 구급상자 속에 꼭 갖추어야 하는 약품과 물건들이에요. 우리 집 구급상자에 이 약품들이 있는지 확인해 보세요.

증상을 확인하는 제품 – 온도계

상처를 소독하는 약품 – 에탄올, 포비돈 요오드, 과산화 수소수 등

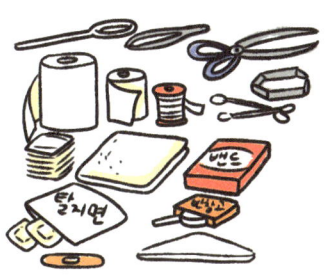

상처를 감싸는 약품
– 밴드, 붕대, 탈지면 등

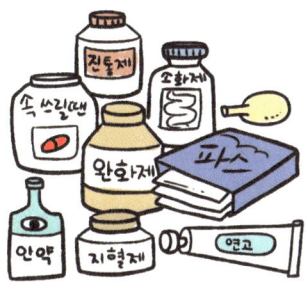

증상을 완화하는 약품 – 진통제, 완화제, 소화제, 지혈제 등

소독약은 종류가 다양해요!

과산화 수소수는 아주 가벼운 상처에 이용하면 좋아요. 피와 만나면 거품을 일으키면서 상처를 소독한답니다. 또 '빨간약'이라고도 부르는 포비돈 요오드는 상처를 치료하고, 소독하는 데 쓰여요. 에탄올은 가벼운 상처에 바르는 약이에요. 주사를 놓을 때 솜에 묻히는 약이 바로 에탄올이에요.

4 비상구를 알아 두어요!

비상구에 대해 알아봐요.

- 비상구는 화재나 지진 등 사고가 발생하였을 때 대피할 수 있도록 설치한 출구예요. 비상 상황에 대비해 평소에도 잠그지 말아야 해요.

- 비상구 표지판은 어두운 곳에서도 잘 보이도록 항상 불을 켜 두어요.

- 비상 상황이 발생하면 비상구 표지 아래에 있는 화살표를 따라 탈출해요.

- 위험 상황을 대비해서 아파트, 학교, 학원 등 자주 가는 곳의 비상구를 미리 알아 두어요.

- 비상구 앞쪽이나 비상 통로에 물건을 쌓아 놓으면 안 돼요.

안전왕에게 물어봐!

 비상구는 왜 중요한가요?

 건물 안에서 사고가 나면 당황해서 우왕좌왕하기 쉬운데, 비상구의 위치를 알고 있으면 그 문을 통해 안전하게 밖으로 나갈 수 있단다.

 왜 비상구 앞에 물건을 쌓아 두면 안 돼요?

 비상구는 평소에 잘 쓰지 않는 곳이라서 비상구 앞에 대수롭지 않게 물건을 쌓아 두는 경우가 있는데, 이건 아주 위험해. 쌓여 있는 물건 때문에 문이 열리지 않을 수도 있고, 신속하게 움직여야 하는 상황에서 방해가 되거든. 언제 사고가 일어날지 모르니 비상구 앞은 항상 치워 놔야 한단다.

 왜 비상구 문을 잠가 두면 안 되나요?

사고가 일어났을 때 비상구로 탈출해야 하는데 문을 잠가 두면 탈출할 수 없겠지? 평소에 잘 쓰지 않아도 잠그지 않는 것이 안전해. 밖에서는 열리지 않고 안에서만 열리는 특수한 장치를 이용해도 좋아.

퀴즈로 알아보는 안전 상식

비상구와 관련한 내용이에요. 옳은 것에 ○, 옳지 않은 것에 ✕ 표시를 하세요.

❶ 비상구는 비상 상황을 대비해 만들어 둔 문이다. ( )

❷ 비상구는 언제나 열어 두어야 한다. ( )

❸ 비상구 앞에 물건을 쌓아 두면 안 된다. ( )

❹ 비상구의 안내 표지판은 어두운 곳에서도 볼 수 있어야 한다. ( )

❺ 비상구는 현관문처럼 자주 사용하는 문이다. ( )

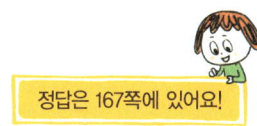

정답은 167쪽에 있어요!

비상구를 내려갈 때는 침착하게!

사고가 나면 누구나 당황해서 우왕좌왕하기 마련이에요. 이럴 때 비상구를 향해 마구 뛰어가거나 비상 통로에서 급하게 내려가다가는 넘어지거나 구르는 사고를 당할 수 있어요. 그러니 비상구를 통해 계단을 내려갈 때는 난간을 붙잡고 침착하게 걸어요. 상황이 급박할수록 침착하게 대응해야 모두가 무사할 수 있답니다.

비상구를 통해 건물을 빠져나갈 때는 침착하게!

5 화상을 입었어요!

화상을 입었을 때는 이렇게 해요!

- 화상을 입었을 때는 다친 부위를 얼음찜질하거나, 흐르는 찬물에 피부를 진정시킨 뒤 소독을 해요.

- 화상을 입은 곳을 소독할 때는 솜을 사용하지 마세요.

- 화상 부위의 상처는 시간이 지나면 부풀어 오르니 그전에 반지, 시계 등을 빼요. 꽉 끼는 옷도 벗어요.

- 화상을 입은 곳에 물집이 생기면 터뜨리지 말아요. 잘못 터뜨리면 흉터가 심해질 수 있어요.

- 화상 부위가 클 경우 깨끗한 거즈로 덮어서 다른 곳과 닿지 않도록 해요. 그런 다음 빨리 병원으로 가요.

안전왕에게 물어봐!

 화상 정도에 따라 증상이 다르다고요?

가장 가벼운 화상을 1도 화상이라고 해. 피부가 붉게 변하고 따끔따끔한 정도지. 2도 화상은 물집이 생기고 매우 아파. 3도 화상은 진피(피부 아래의 조직)가 모두 손상되거나 진피 아래의 피하 지방(근육)까지 손상돼. 3도 화상을 입으면 다친 부위가 갈색이나 흰색으로 변하고, 통증이 몹시 심해. 치료 후에도 흉터가 남고, 피부가 수축되어 관절 부위를 움직이기 어려울 수 있어. 2도 이상의 화상은 심각한 화상이므로 세균에 감염되지 않도록 병원에 가서 치료해야 해.

전기난로나 전기 포트에도 화상을 입는다고요?

전기난로 가까이에 있거나, 뜨거운 전기 포트를 슬쩍 만졌을 때 피부가 따끔따끔하고 아프다면 화상을 입은 거야. 이런 증상은 가벼운 화상에 속하지만 반드시 상처 부위를 얼음물에 담가 열을 식히고 거즈를 덮어야 해. 그러지 않으면 세균에 감염될 수 있단다.

뜨거운 음식을 먹다가 화상을 입을 수 있나요?

물론이야. 뜨거운 음료나 음식을 그냥 삼키면 혀나 입천장에 화상을 입을 수 있어. 심한 경우 식도까지 화상을 입는단다. 너무 뜨거운 음식을 삼켜 화상을 입었다면 바로 찬물을 먹도록 해. 얼음을 물고 있는 것도 좋은 방법이야.

 # 퀴즈로 알아보는 안전 상식

화상을 입었을 때는 어떻게 해야 할까요? 다음 중 옳은 행동에 ○, 옳지 않은 행동에 ✕ 표시를 하세요.

❶ 3도 화상을 입으면 관절 부위가 움직이지 않을 수 있다. ( )

❷ 화상을 입은 부위는 세균에 쉽게 감염된다. ( )

❸ 2도 화상을 입으면 얼음찜질만 해도 충분하다. ( )

❹ 화상을 입고 물집이 생기면 고름이 차지 않도록 바로 터뜨린다. ( )

❺ 뜨거운 물을 마시다가 혓바닥을 데이면 미지근한 물을 마신다. ( )

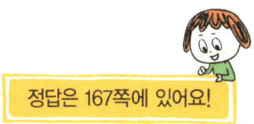
정답은 167쪽에 있어요!

저온 화상이란?

겨울철에 핫팩이나 손난로, 전기장판 등을 오래 사용하면 화상을 입을 수 있어요. 이처럼 40~70도 정도의 낮은 온도에서 발생하는 화상을 '저온 화상'이라고 해요. 저온 화상을 입지 않으려면 붙이는 핫팩이 피부에 직접 닿지 않도록 옷 위에 붙이고, 전기 장판 온도를 높게 설정한 채 잠들지 말아야 해요. 또 난방 기구를 너무 가까이에 두고 사용하지 않도록 해요.

 아주 뜨겁지 않다고 방심하면 안 돼!

6 공사 현장을 지나갈 때 조심해요!

공사 현장을 지나갈 때는 이렇게 해요!

- 공사 현장 주변을 돌아다니면 안 돼요. 곳곳에 위험한 물건이 있는 데다가, 넘어지면 크게 다칠 수 있어요.

- 공사장이나 지하철역 근처의 환풍구 위에 올라서면 안 돼요. 무게를 견디지 못해 갑자기 아래로 떨어질 수 있어요.

- 공사 현장이나 환풍구를 지날 때는 되도록 어른들과 함께 가요.

- 맨홀 뚜껑을 밟지 말아요. 갑자기 아래로 추락하거나 맨홀 뚜껑이 튀어 올라 다칠 수 있어요.

- 공사 현장 근처를 지날 때는 머리 위를 조심해요. 공구나 건축 자재 같은 것들이 떨어질 수 있어요.

안전왕에게 물어봐!

 공사 현장에서는 왜 조심해야 하나요?

공사 현장에서는 어른들도 갑작스럽게 사고를 당할 수 있어. 그래서 함부로 들어가지 못하도록 가림막을 설치하지. 높은 건물을 짓는 현장일 경우 위에서 물건이 떨어질 수도 있으니 위, 아래, 양옆을 잘 살피며 걸어야 해. 또 공사에 필요한 자재들이 바닥에 마구 널브러져 있어서 넘어질 위험이 있으므로 주의해야 한단다. 공사 현장 근처를 지날 때는 현장을 담당하는 어른에게 지나가도 되는지 반드시 물어보도록 해.

 환풍구에는 왜 올라서면 안 되나요?

환풍구 덮개는 사람이 지나가도록 설치해 둔 것이 아니야. 그렇기 때문에 사람이 올라가면 무게를 감당하지 못하고 갑자기 아래로 떨어질 수 있어. 대부분의 환풍구는 일반 도로보다 턱이 높고, 담도 설치되어 있어 올라서지 않으면 위험하지 않지만, 일반 도로의 바닥에 설치된 환풍구도 많으니 항상 조심해야 한단다.

 맨홀 덮개를 지날 때도 조심해야 한다고요?

맨홀은 깊게 파인 하수도의 문이야. 쇠로 만들어져서 매우 튼튼하지만 낡았거나 덮개가 느슨하게 덮인 경우 갑자기 아래로 떨어질 수 있어. 또 덮개가 제대로 닫히지 않았다면 발이 빠질 위험도 있지. 수압을 견디지 못해 갑자기 튀어오르기도 해. 그러니 맨홀 주변을 지나갈 때는 되도록 가까이 가지 않는 게 좋아.

# 퀴즈로 알아보는 안전 상식

공사장이나 환풍구 주위를 지나갈 때는 어떻게 해야 할까요? 다음 중 옳은 행동에 ○, 옳지 않은 행동에 ✕ 표시를 하세요.

❶ 공사장을 지나갈 때는 중장비가 많으니 조심한다. ( )

❷ 어두운 밤에는 공사장 주변을 지나가지 않는다. ( )

❸ 환풍구는 튼튼한 쇠로 만들었으니 올라가도 괜찮다. ( )

❹ 환풍구는 사람이 지나가도록 만든 길이다. ( )

❺ 맨홀 덮개는 수압 때문에 갑자기 튀어오를 수 있다. ( )

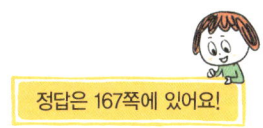
정답은 167쪽에 있어요!

위험한 것이 있으면 신고하라고요?

집 앞 공터, 공사 현장, 도로를 지날 때 위험한 것이 있으면 내가 사는 지역의 지방 자치 단체, 안전 신문고, 안전 모니터 봉사단 홈페이지에 신고해요. 이곳에서 사고가 발생하지 않도록 안전 조치를 취할 거예요.

13쪽
① ◯ ② ✕ ③ ✕ ④ ✕ ⑤ ◯

17쪽

21쪽
① ◯ ② ◯ ③ ◯ ④ ✕ ⑤ ✕

25쪽
① ✕ ② ✕ ③ ◯ ④ ✕ ⑤ ✕

29쪽
① ◯ ② ◯ ③ ✕ ④ ◯ ⑤ ◯

35쪽
① ✕ ② ✕ ③ ◯ ④ ◯ ⑤ ✕

39쪽
① ✕ ② ◯ ③ ✕ ④ ✕ ⑤ ✕

43쪽
① ◯ ② ✕ ③ ◯ ④ ◯ ⑤ ◯

47쪽
① ✕ ② ✕ ③ ○ ④ ✕ ⑤ ✕

57쪽
① ✕ ② ○ ③ ○ ④ ○ ⑤ ○

61쪽
① ✕ ② ✕ ③ ○ ④ ○ ⑤ ○

65쪽
① ✕ ② ✕ ③ ✕ ④ ○ ⑤ ○

69쪽
① ✕ ② ✕ ③ ○ ④ ○ ⑤ ○

73쪽
① ✕ ② ✕ ③ ✕ ④ ○ ⑤ ○

77쪽
① ✕ ② ○ ③ ○ ④ ✕ ⑤ ○

83쪽
① ✕ ② ✕ ③ ✕ ④ ○ ⑤ ○

87쪽
① ✕ ② ✕ ③ ○ ④ ○ ⑤ ○

91쪽
① ○ ② ○ ③ ✕ ④ ○ ⑤ ✕

95쪽
① ○ ② ○ ③ ✕ ④ ○ ⑤ ○

99쪽
① ✕ ② ✕ ③ ○ ④ ✕ ⑤ ○

103쪽

107쪽
① ✕ ② ✕ ③ ○ ④ ✕ ⑤ ✕

113쪽
① ○ ② ○ ③ ✕ ④ ✕ ⑤ ✕

117쪽
① ○ ② ✕ ③ ○ ④ ✕ ⑤ ○

121쪽
① ✕ ② ✕ ③ ○ ④ ✕ ⑤ ✕

125쪽
① ✕ ② ✕ ③ ◯ ④ ✕ ⑤ ✕

129쪽
① ✕ ② ✕ ③ ◯ ④ ◯ ⑤ ◯

133쪽
① ◯ ② ✕ ③ ◯ ④ ✕ ⑤ ◯

143쪽
① ✕ ② ✕ ③ ◯ ④ ◯ ⑤ ✕

155쪽
① ◯ ② ◯ ③ ◯ ④ ◯ ⑤ ✕

159쪽
① ◯ ② ◯ ③ ✕ ④ ✕ ⑤ ✕

163쪽
① ◯ ② ◯ ③ ✕ ④ ✕ ⑤ ◯